國學經典譯注叢書

老子译注

罗义俊 撰

上海古籍出版社

图书在版编目（CIP）数据

老子译注/罗义俊撰．—上海：上海古籍出版社，2012.8（2025.3重印）
（国学经典译注丛书）
ISBN 978-7-5325-6387-6

Ⅰ.①老… Ⅱ.①罗… Ⅲ.①道家②老子—译文③老子—注释 Ⅳ.①B223.1

中国版本图书馆CIP数据核字(2012)第047114号

国学经典译注丛书
老子译注
罗义俊 撰
上海古籍出版社出版发行
（上海市闵行区号景路159弄1-5号A座5F 邮政编码201101）
(1)网址：www.guji.com.cn
(2)E-mail：gujil@guji.com.cn
(3)易文网网址：www.ewen.co
常熟市人民印刷有限公司印刷
开本700×1000 1/16 印张12 插页2 字数167,000
2012年8月第1版 2025年3月第10次印刷
印数：17,901-18,700
ISBN 978-7-5325-6387-6
K·1549 定价：30.00元
如有质量问题，请与承印公司联系

前　言

一

我少时由缪尔纾的《老子新注》(上海四马路今福州路新文化书社民国二十三年十一月再版)读《老子》,就不采信20世纪二三十年代疑古思潮中对老子其人其事的过度怀疑,而一直相信《史记·老子韩非列传》的记载:老子与孔子(前551—前479)为同时代人,年齿则长于孔子,当公元前6世纪前期至公元前5世纪前期。这个时期开始了先秦诸子——各学术派别的经典思想家开宗立派的历史时代,这是中国文化和哲学的轴心时代。

据《史记》等史载及近人高亨《史记老子传笺证》,老子姓李,原姓老(老、李一声之转,音同而变为李),名耳,字聃(又作耽)。老子、老聃(耽),皆尊称也。生于陈(陈为古国,妫姓,舜的后代,公元前534年为楚所灭),苦县(今河南鹿邑东)厉(又作赖、濑)乡曲仁里人,其地属兖州,汉晋时有老子祠庙。《史记正义》引《晋太康地记》云:"苦县城东有濑乡祠,老子所生地也。"出仕于周,久任守藏室史(柱下史、征藏史),即国家图书馆馆长、国家档案馆馆长。公元前520年,周景王崩,王子朝作乱,历时18年。期间,老子见周室衰落,乃避乱去职东南归,居于沛、陈,时已老年。颇有问学者。《史记》记孔子尝适周(或说在沛,或在鲁)问礼于老子。近人疑说纷纭。但孔子见过老子,有过问答,战国时儒、道、杂三家均确信有其事,四见于《礼记·曾子问》,八见于《庄子》的《天道》、《天地》、《天运》、《田子方》、《知北游》等篇,一见于《吕氏春秋·当染》。后西游,出函谷关(或云散关)入秦,为关令尹喜所请,著书上下篇五千余言即《老子》而去。老子以自隐无名为务,隐于秦,逝于秦。《史记》说"莫知其所终",故卒年亦无考。陕西翠华山,传说为老子隐居处,留有许多修行的遗迹,宋朝范宽《溪山行旅图》即以此为画。秦地鄠县(今陕西户县北)有老子墓。

其事隐人逝而其言传。《老子》体大,观变最深,充满了辩证法,建立了贯统性很强的、以“道”为核心的思想体系（传本虽稍有窜乱掺杂，但实于此无害），为道家开山立宗，庄子承而记其学，推崇以“至极”，称他为“古之博大真人”。当其时，《墨子》、《战国策》、《庄子》、《荀子》、《吕氏春秋》、《尹文子》、《列子》延及汉初《淮南子》、《韩诗外传》等典籍已颇多引述其言，或本其学而归于“道家”。其学对儒、墨、名、法、杂、兵、农、纵横、神仙诸家广有影响。

儒家创始人孔子为《六艺》之总纂，“中国言《六艺》者折衷于夫子”（太史公语）。“《老子》出于《易》”（马一浮《论老子流失》、熊十力《六经示要·略说六经大义》、《十力语要》所持观点同）。扬雄《太玄》曰：“孔子，文足者也。老君，玄足者也。”老子与孔子并为中国轴心时代哲学运动的首席思想家，他们以各自的方式，承先启后地开启了思想家独立运思的先秦诸子时代，于周文疲敝、礼乐崩坏之际，共同参与了中国文化和哲学据旧开新的重建。《道德经》与《论语》——他们高度智慧的结晶，并为代表这个轴心时代的中国文化宝典。这用时下虚热的名词来说，即是（中国文化的）国学宝典。

二

说到“国学”一词，这里不得不指出，从历史语言学的角度看，它有多义、歧义。其原始之义，只是指称国家最高学府，见于《周礼·春官》。20世纪初始以“吾国固有的学术”为义，流行开来。其中，取消《六艺》价值地位的章太炎的“国粹”主义的国学，胡适之视固有学术为一堆死材料的“国故”之义的国学，皆为吾不取（详见拙著《生命存在与文化意识——当代新儒家史论》页274—275）。

自1993年8月16日人民日报整版报导《国学，在燕园悄然兴起》认为“国学的再度兴起”，“将成为我国文化主旋律的重要基础”，至2009年岁尾《光明日报》邀约中国人民大学、武汉大学、山东大学、厦门大学四校校长聚首讨论国学发展及国学学科建设，要求有关部门给国学上（学科）户口，纳入大学学科建设。（《光明日报》2010年3月3日）“国学热”时低时高，持续不断。在这近20年的“国学热”中，“国学就是中国固有的传统学术”之义，似乎被作为最大公约数、约定俗成地确定下来。

但必须指出“国学热”中将对国学“研究的学问”亦划入国学的范围，则太宽泛、太笼统了。盖如此，即以外来意识形态为内容的反传统反国学者之所谓研究岂不是亦成了“国学”也乎？“国学”岂不成了一顶空帽子，要给谁戴，就给谁戴。国学一词，必须注入价值观念，其底线必不以否定中国文化的价值为旨,正面说即表现了中国文化的价值或重要价值或核心价值,对其研究亦然。如此,结合"固有"的概念,吾人将导向性地引出可以衡定国学成立与否的四个重要观念,或重要条件。(1)必与中国历史文化长传统相连。这个事实性条件,其实含有一"渊源"的概念,即它渊源于自身存在的文化传统,简言之,它有一个中国文化源。由是,落实下来,为:(2)轴心时代的,与《六艺》关联,亦必与《六艺》相连。此后,或与《六艺》相连,或与诸子相连。盖《六艺》乃上古三代文化传统的大藏库和大总结。(3)于内圣外王,或一或俱,必有其用。国粹派所谓国学也者,"学其一国之学也以为国用,而自治其一国也"(《国粹学报》19期)。虽重外王而忽内圣性命之旨,其知"用"则未错。(4)它自身在中国历史文化中亦形成、且必在其中形成一个含价值意义的长传统,即为中国人自然而然地接受。此四项,亦为国学之当有。

以此四项,律之《老子》,则无不皆然。

三

总说一句,老子思想源远流长。先说"源远",即老子思想背后有一个历史文化的长传统,而为其哲学创造的资粮和渊源。

在老子思想中,"道"就是一个承先启后、据旧开新的观念。21章说"道":"自古及今,其名不去",不仅在讲道的恒久性,在讲道的名千古常在,亦是在说道的观念在历史中的传统性、继承性(参见本书21章注⑥)。尽管老子集合与丰富了道的意义,赋予了道的境界等新义(参见本书第一章章注及拙著《老子入门》第一章《大道冲虚与生命境界》),亦无论"各人有各人之道"(陈荣捷《中国哲学论集》页165),道的观念却不是老子的专利,更不是春秋末期突然冒出来的,或域外来客从横里硬插进来的,它背后有一个很长的历史文化传统。

其名,至少殷周之际已经出现。殷季的《散氏盘》、周初的《比干铜盘铭》都有"道"字。《书》以道事(《庄子·天下篇》)。其实在记录着上古三代之事的《书经》之《虞书》、《夏书》、《商书》、《周书》中,"道"、"天道"以及"不道"(还有"德")之字,已皆可见。"道"一观念更流行于东周人的意识世界。翻开记载西周后期至春秋战国之际(前776—前453)史事的《国语》,即可发现,不仅智、勇、忠、信、仁、义、礼、和,就是《老子》中的道、德两大名词,都是政治和思想领域的常见话语。而且,由其中"有道"与"无道"、"不道"对立的使用,如"杀无道而立有道"(《晋语三》),可知"道"已成为东周时代意识中评估人世间政治社会的最高价值标准;由其中“天道”、“天之道”与“人之道”、“民之道”的话语相对,也透现了“道”的形上企向。凡此,构成了《老子》论道的历史文化长背景和思想传统及当身语境。

如果再将《老子》与《国语》对检,还可进而发现,二者有语言和思维方式上的相似性、相同性。如77章“天之道”与“人之道”的相对,即与上述揭出的话语相对同;12章谈“五色”、“五音”、“五味”,而《周语》中亦有谈“五味”、“五色”、“五声”;63章言“报怨以德”,而《周语》中亦有言“以怨报德”,《晋语三》谈“以德报怨”;21章言“孔德之容,惟道是从”,而《楚语》亦有言“进退周旋,惟道是从”;79章言“天道无亲,常与善人”,而《晋语六》亦有言“天道无亲,惟德是授”,等等。这个相似性、相同性表明:老子话语与东周人的意识世界、与其当身的时代语境有着交融性。而这个交融性,又反映出:老子思想与其背后的历史文化长传统包括《六艺》相连。

这两个相连,事实上,在《老子》中,都有直接反映。如41章所引《建言》,当为古传之书。22章所引“曲则全”,78章引圣人云,皆可表明其以社会思想传统为资粮。6章“绵绵不绝”源自《周书》(参见6章注③),22章“夫惟不争,故天下莫与争”则引了《虞书》的观点(参见22章注⑧)。至于《列子·天瑞篇》更引“谷神”云云为“黄帝曰”,虽无从考,但其后去古未远的汉初思想界以黄、老连称,终归在表明二者在思想上的关联性。至于《老子》与《易经》的关联性,历来无人质疑。套用老子的话语方式,马一浮所谓“《老子》出于《易》”,熊十力所谓“道家源出《大易》”,岂虚言哉!而53章“非道也哉”、55章“不道早已”云云,亦表明老子采取、认同了虞夏以来评世论政以“道”为最高价值标准的观念(参见拙著《老子入门》第三章第二节《以道为绝对标准的政治批判》)。8章“与善仁”同样表明他不可能亦未尝否认仁慈这类人类的基本价值。

这两个相连表明:老子哲学不是脱离固有的文化传统和时代问题的悬空揣想和逻辑推理,而是言“道”的历史文化长传统也是东周人“道”的意识世界的产物。而老子话语与时代语境的交融性,还表明曾身处周王室动乱的他,对传统和时代有着真实的感受。表明这种感受的话语是批判性而非歌颂性的。55章哲学命题“不道早已”之“不道”及53章之“非道”,其实与《国语》的“无道”、“不道”,以及《论语》所谓“天下无道”(《季氏》)、“天下无道久矣”(《八佾》)一样,正是对春秋末周文衰敝、礼崩乐坏的存在感受。

77章“天之道,损有余而补不足;人之道则不然,损不足以奉有余”。则表明他虽然感受到道在历史长河中“自古及今,其名不去”,“绵绵若存”的恒久,但凌空观照的“玄鉴”又使他洞见春秋末社会和文化危机的根源,在“道”的分裂、变味、走样、异化和坠落,在道的形上学的危机。故“自古及今”已经包含着“自今及古”的四向反观,表示着“太上、其次”云云(17 章)的古今之间来回思考。老子思想是由人生实感而来的人类高度智慧的流露,也是对“道”的名实与时代问题的哲学反思。

这个反思的成果,就是从言道的历史文化长传统中,开出一“境界形态”(牟宗三先生《中国哲学十九讲》页 104)的大道冲虚的形上学体系。

四

再说流长。《老子》影响深远,在此下二千多年的中国历史文化中,亦形成了一个长传统。它表现在对:(1) 朝廷政治,(2) 知识分子的社会,(3) 民间社会,也就是说老子思想对传统中国社会的上中下三层,对国族生命和历史事业(内圣外王),都有深远的影响和作用;还有(4)《老子》一书自身的流传。

“中国之帝王虽可信道教或佛教,然中国帝王之治国平天下之大道理——或其主持政教之大道理,历代相传,却大体上是由儒家思想所规定。中国社会之礼俗,亦大体上是儒家之教化所形成。”(唐君毅《中华人文与当今世界》下页 63)这不是一个学术观点,是说一个事实。那种作意地过度抬高老子和道家,而否认或模糊这个中国史实的偏颇观点和态度为吾所不取。任何作意都与老子“上德无为而无以为”(38 章)的思想南辕北辙。

老子以守柔守雌、谦退不争为绝对无条件的处世原则,他的生命形态是消极的,他的思想能回应时代自己却不积极用世,他痛斥“盗夸”:“非道也哉!”(53 章)只是柔弱者消极的抗议。故他虽洞彻柔弱刚强、吉凶、祸福相互依伏、万物相反相成相互转化之玄机,而他的守柔哲学之所谓“守柔曰强”(52 章),其实只是静处一边,退让不争,来静观来静静地等待强弱之间自然而然的转化,并不积极地努力创造或争取转化的条件。唯其玄智明鉴,哲理意义深远,以及回应时代的真知灼见,故并不损害对中国社会的客观的影响和作用。对中国历史的和传统社会人心、士民生活的影响之深远,儒道两家,并行其时,各擅胜场,其中即以《老子》与《论语》为最。这也是不可否认的事实。

汉初无为而治,以其君臣多好黄帝、老子之术,为史界习称黄老政治,虽然它是在儒家思想和伦理社会的文化底子上的施行(参见拙著《汉武帝评传》页 5),但确是老子思想首次入主朝廷的一次大用。与此相似,东汉光武帝“以柔道治天下”。民国学界还有人,以汉文帝、光武帝与唐太宗、宋太祖为“实践老子政治哲学之成功者”,谓宋祖殿前石锁之三戒(一不害柴氏子孙,二不杀士大夫,三不加农民租赋),为发挥孔子之仁与老子的天道观所为;谓一部《贞观政要》之盛治,完全得力于老子所谓“虚”之妙用。(历劫余生《老子研究与政治》)其实历朝战乱之后的与民休息、轻徭薄赋,史界旧称让步政策,为中国传统政治一传统,此中亦显有老子思想的影子。如汉初与民休息政策的根据,所谓“从民之欲”、“与民更始”云云,当与老子“圣人常无心,以百姓心为心”(49章)的思想有很大的关系。

对知识界、学术思想界的影响则更显然。前已说过,战国汉初诸子颇多引述老子之言。太史公首推崇道家的《六家要旨》,则为历代士人诵读之名篇。其后扬雄《太玄》、王充的自然主义,实源出《老子》。至魏晋,玄风大炽,终南北朝,《老子》与《易经》、《庄子》并为三玄,占学界之主流,领时代之风骚,长达三百五十年(240—589)。自老子以下,历代隐逸之士,亦不乏道家式人物,著名至今者如宋陈抟(赐号希夷先生)、万适(精于《道德经》),明画家倪瓒黄冠野服;不然,亦老子“自隐无名”之流风遗韵,如松江渔翁,以《老子》“曲全”之义,遁迹江湖三十多年。中国历史文化中的士人隐逸传统可说为《老子》影响下的传统。老子及其所规划的生命的消极形态,也是隐士的生存形态和生命形态,它开辟了生命的隐士形态(参见拙著《老子入门》页59)。其实,中国古代的读书人,习儒家经籍,也多读《老》《庄》。即使仕为儒臣名臣者亦然,如司马光自言“特好孟子与老子之言”,并持老子诸言与王安石论政(《司马文正公传家集》第六十卷《与王介甫书》)。此习,相沿至当代新儒家而未改。至于旁及文学医学方伎绘画等,似乎更是道家影响的胜场,以至有“山水画几乎是道家的独占天下”之说法。余不遑论。

还有《老子》中诸多的格言,如“大器晚成”、“和光同尘”、“出生入死”、“知足不辱”、“千里之行,始于足下”,等等,流传至今,成为世人常用的成语,亦潜移默化地影响着人心。出于《老子》的清静寡欲、法乎自然的人生情调,谦退忍让、知足常乐的人生态度,淡泊自处、与人无争的处世哲学,千古相沿,更成为很多士民的风习。《老子》之学,讲性命双修,是生命的学问,吾人终究是可以受用的。

而道教则是老子影响民间社会和生活的一个很有效的通途和最佳证明。道教自民间产生。汉代的民间社会,尊奉黄老者不绝。汉初楚人司马季主“通《易经》,术黄帝、老子”(《史记·日者列传》),而卜于长安东市。东汉初余姚人严遵深研《易》、黄、老,高似孙《子略》卷二录有《老子指归》十一卷,汉处士严遵著,尝隐身于成都,卜筮于市。至东汉末,民间更有"奉事黄老道"者,如农民起义领袖张角(《后汉书·皇甫嵩传》)。"道家"一名,首先为汉初丞相陈平所使用,"道教"之词则首见于道教创始人张陵(道陵)《老子想尔注》。道教产生之后,即遍布全国。道教尊奉老子为太上老君、老君天尊、道德天尊,随处建太清宫、上清宫、三清宫等宫观以奉祀。此奉祀活动,久沿不绝,而融入至今犹在的中国民间祀庙活动、宗教生活的民俗传统。甚至教外还有称道教为"老教"者(《法苑珠林》卷六十九)。道教在《老子》的影响下产生,其产生又使老子的影响愈来愈大,愈传愈远。《老子》盛言道具伟大而不名状的效用,道是"万物之奥"(62章),万物存在的庇荫与保障,能"起人对于道之信念"(《老子研究与政治》页102),道教加固了这个信念而为信仰,亦加固了老子的影响。

民间的道教奉祀活动,还反过来向上影响及传统中国社会的中层知识界和上层朝廷。如葛洪、陆修静(著《道德经杂说》)、陶弘景、傅奕、成玄英等等历代知识精英不断加入道教,形成教内知识分子群体(唐代大诗人李白亦受道箓)。朝廷对道教和老子的重视程度亦相应提升。汉桓帝已于宫中立浮屠老子之祠,后有梁元帝讲《老子》于龙光殿。至唐代,更是道风大盛。自高祖李渊诣楼观"老君祠"、诏改楼观为"宗圣祠"起,朝廷尊崇老子和召集《老子》讲学活动,历太宗、高宗、中宗、玄宗而不断。高宗还至亳州立"老子庙",并敕《道德经》为上经,为贡举考目。中宗则任命道士叶静能为国子祭酒,玄宗立玄学博士,御注《老子义疏》颁行天下。在朝廷此类活动和举措中,老子的地位亦愈来愈尊,自高宗加尊号太上玄元皇帝,直至玄宗加号大圣祖高上大道金阙玄元天皇大帝;老子之尊至此而极,为孔子尊号至圣先师大成文宣王所不及。

在二千多年的中国历史文化中,老子在其学界所谓的大传统和小传统中俱有深远之影响,而亦形成自己的大传统和小传统。

五

《老子》传本和注本之多,叹为观止。它集中反映了《老子》的深远影响及其自身形成的长传统。

《老子》其书,司马迁认为出于老子亲著,但学者多不信,认为是其弟子或再传弟子道家后学编纂而成。唯细玩全书系统性、贯通性极强,叙述语言与艺术风格极一致,太史公所言可信。先秦时只称《老子》,分上下篇,篇不分章。汉景帝改子为经。后人各以上下篇篇首一字名篇,合而称为《道德经》。道教宗之为祖典,称《道德真经》。

今传西汉河上公《老子章句》本分称上下经,上经三十七章,下经四十四章,合为八十一章;并冠章题,上经首章章题"体道",下经首章章题"论德"。(《四库全书提要》引晁公武《读书志》谓河上公注本有二,另一为战国时河上丈人注《老子经》二卷。检《隋书·经籍志三》所录,明有"汉文帝时,河上公注",亦有"梁有战国时河上丈人注《老子经》二卷"。宋高似孙《子略》卷二,亦明录有"战国时人河上丈人"与"汉文帝时人河上公"本二种。战国本清时已亡,故《四库》馆臣未见而谓"今所传者,实汉河上公书耳"。)魏晋时青年哲学家王弼注本亦八十一章,而去河上公本章题。上节提及的张陵《想尔注》本,与《河上章句》,"同为道教必读之经典"(饶宗颐《敦煌六朝写本张天师道陵著〈老子想尔注〉校笺》页2)。王弼注本为学者所推崇所通用,但27章"常善救人,故无弃人;常善救物,故无弃物",古王弼本却无有,今传本"独得诸河上公"(《困学纪闻》卷十引晁说之《跋王弼注老子》语)。河上本与王弼本同为最流传的古本。二者各有其长。

此下,注本代出,汗牛充栋。清毕沅《道德经考异自序》谓其所见《老子》注家不下百余本,其佳者数十本。《道藏》中收有注释本50余种。据台湾学者严灵峰《中外老子著述目录》的调查,历代《老子》的注疏,大约有700余种。又有多种传抄本,最古的为长沙马王堆汉墓帛书甲、乙本,郭店楚墓竹简本,北京大学收藏的汉武帝后期竹简本(218枚,5 300多字)则尚未问世。注本和传抄本是一学术文化积累,亦是一学术文化传统。

《老子》的影响还横及域外。唐太宗时(642)就有高丽遣使来唐学道教。玄宗时,续有日本派遣名代来请《老子经》和老子像,唐使携《道德经》至新罗。唐玄奘以后,《老子》有梵文本、日译本、拉丁文本、法译本、俄译本。20世纪70年代,长期从事向西方传播中国哲学的陈荣捷先生尝著文指出:"(19世纪中叶以来)英文译本已经超过四十种,几乎每隔一年有一种新译本。"(《中国哲学论集》页179—180)据联合国教科文组织统计,在世界文化名著中,译成外国文字发行量最大的是《圣经》,其次就是《老子》。

《老子》是当时长江流域(俗称南方)和黄河流域(俗称北方)文化交融的产物(参见《老子入门·尾声》)。但,老子出生于妫姓虞舜后裔的陈国,严格来说,他根本就不是楚国人,而是陈国人;后又久任周王室史官,即隐居亦选择在秦地;更何况他的哲学话语与虞商周以来的历史文化长传统,与东周人的意识世界及其当身语境有着明显的交融性。故平心而论,说《老子》是中原文化的产物,亦未尝不能成立。总之,《老子》是中国历史文化长传统的产物。

现在,我们完全可以说:道家与儒家并为传统中国的显学,《老子》与《论语》并为中国文化宝典,并为中国文化的国学宝典。

罗义俊

目　　录

下 篇

上　篇*

* 此为王弼注本篇题。这里采用的是中华书局影印《诸子集成》华亭张氏原本,即通行本。原本因避清圣祖玄烨讳改“玄”为“元”,今一复其初。又斟酌河上、想尔注、帛本、郭店本等各本及近世诸家校注而稍作更增。经文凡作更增者,以[ ]标出并加注说明。河上公本篇题为“道经卷上”。通行王弼本为宋晁说之所校。晁谓王本不析《道》、《德》而上下之,犹近于古。朱谦之《老子校释》考汉时已分《道》、《德》二经,晁说于义虽通,然非汉、唐故书之旧。余臆,先秦《战国策》、《韩非子》、《太平御览》513 卷引《墨子》、《庄子》等典籍引老子言,皆称“老子”、“老聃”,则可知周秦传本未必与两汉同。篇名似均汉人所加,此由马王堆帛书乙本《德》、《道》篇题加在篇尾亦可推知。郭店简本甲、乙、丙三本均杂混上下篇(其内容只是通行本的五分之二),与周秦古本并无篇题似亦不无关系。又,帛书甲、乙本均以《德经》为上篇,《道经》为下篇,不分章。

第一章 “体道第一”*

* 朱谦之《老子校释·序文》谓“分章标题,尤为道流者所妄作”,断然否定分章标题之意义。余臆,历代言老子者,如缪尔纾所言:“一人一义,十人十义,百人百义。”(《老子新注·叙言》)当非可率尔否定。且不论道教或养生家之言老子义,并非全无可取,即河上公章题,实有助解作用,如本章之题,开题即确定了对道的体认或“体知”(荀子、庄子语)的入路,就甚合老子“千里之行,始于足下”和“为道日损”之意。故本书于每章均附河上公章题,以助阅。要在本书作为译注,首先宗旨,在提供一种训诂文字文句的基础了解和以老释老的基本理解,加上薄悟,以为“入门”,故注释采取开放式,异说并存,或斟酌折衷以定,或录备参考。经文注释后附今译,取直译,偶补括弧( )译意以明之。

又,本章为老子对道的宇宙论描述和本体论论证,是其道的形上学总论和全书总纲,即70章所谓“言有宗,事有君”也。

道是老子哲学体系的无上范畴,贯穿涵盖五千言的中心观念。又称常道(本章)、大道(18、34、53章)、天道(47、79章)、谷神(6章)、玄牝(6章)、大象(35、41章)、一(39章)、大(25章)、朴(32、37章)。

所表述的基本意义,有:(1) 宇宙万物的根源、本体,即本章所述。(2) 万物的宗主,第4章所说“道”,“渊兮,似万物之宗”。(3) 万物的奥体,62章说:“道者,万物之奥。”(4) 生成宇宙万物的实现原理,42章说:“道生一,一生二,二生三;三生万物。”41章说:“夫唯道,善贷且成。”(5) 宇宙人生的总法则、总规则,25章说:“人法地,地法天,天法道。”22章说:“圣人抱一为天下式。”(6) 超越的绝对的最高价值,21章说:“孔德之容,惟道是从。”(7) 宇宙人生的大道正路。道的语义学本义、通用义即道路。《释名·释道》:“道,道路也。”《左氏桓公六年传》:“行不失正,名之曰道。”

道的基本特性:(1) 以冲虚玄德为体,41章:“道冲而用之,或不盈。”玄德见10、61、65章及注释。(2) 道兼有无,见本章。(3) 道体元一,见14章夷、希、微"三者不可究诘故混而为一"。(4) 道体独立,25章说:"寂兮寥兮,独立不改。"(5) 道无所不在,34章说:"大道泛矣,其在左右。"(6) 道体至大至小,参见25、32、34、67章。(7) 道体不朽,6章说:"谷神不死。"(8) 道循环运行永不止息,即25章所说:"周行而殆。"(9) 道的体用皆自然,25章说:"道法自然"。(10) 道即境界。

注所引文本,以名称。唯帛本有甲乙,出于甲本称帛甲,出于乙本称帛乙,甲乙本同者或径称帛本。

道可道,非常道①;
名可名,非常名②。
无名,天地之始;
有名,万物之母③。
故
常无欲,以观其妙④;
常有欲,以观其徼⑤。
此两者,同出而异名⑥;
同谓之玄⑦。
玄之又玄,
众妙之门⑧。

【注释】

①帛书甲本作"道,可道也,非恒道也"。恒,常,义同。三个"道"字,第1、3个是老子哲学的专用名词。第2个为动词,言说之意。此句之解有二层。一层谓道是不可言说的,可言说的非"常道"。二层谓道有"可道"之道与"不可道"之道的分别,亦即"非常道"与"常道"的分别,"不可道"之道始是"常道"。 ②帛书甲本作"名,可名也,非恒名也"。三个"名"字,第1、3个是名词,意为名字、名号。这里,皆指称道之名。第二个为动词,意为命名。而"可名"组词,亦可作名词解,意为"可名"之名。依此,名有"可名"与"不可名"之分,意义不同。此乃理解此句的关键。俞正燮《癸巳存稿》卷12引《文子·精诚》所云"名可名,非常名;著于竹帛,镂于金石,皆其粗也"等古籍为证,谓此言"道"为言词,"名"为文字。此乃细分之说。按普通的理解,所谓名,古之所谓所以记万事万物者也,即可目视耳听的言语与文字,亦即佛家所谓名相之名,是命名之名、有限定的名。老子所谓

"可名"即此定名。然道无形无名,无可限定,不可言说,何以又"名"之,岂非牴牾?故道之名须有特殊的理解。老子之意,道之为名,乃"不可名"之名。所谓:"不可名,而强名之曰'道',则'道'之为名即'不可名'之名也。凡可名之名,皆'定名'。不可定之名,则非'定名'。"(牟宗三《才性与玄理》页129。此句,近注诸家缺析欠解,牟先生则有细析精解,兹仅摘录。)如此,老子此句可解。道之为名与可名之名,前者为不可名、不可定之名,后者为定名之名,二"名"意义不同、层次不同,并不牴牾。不可名之名,只是称谓,亦可谓是"无(定)名之名",始不会执为定名,而不流失或忘却"道"的意义,故是"常名"。马一浮先生依佛家名相说:"一切言教,假名无实。以假名,故可名;无实,故非常名。"又直言:"道非名也,名非道也。"(《马一浮集》第一册《益蜀戏斋杂著·老子注》)假名,暂立之名。许其暂立,故曰可。至于"道"不可道、不可名,其意即谓道不是用语言和文字概念能确定地表达与求得的,魏源《老子本义》所谓"道固未可以言语显而名迹求者也。"用今天的话来说,道不是靠知性证明,无法概念化,不能靠概念来表达与获得,此乃智穷之事。　③帛书甲乙本作"无名,万物之始也;有名,万物之母也"。此句历来有两种句读法。此处的句读法为古句读法,至王安石、司马光、苏辙时,始以"无"、"有"为句读。宋王应麟《困学纪闻》卷十《诸子》说:"(《老子》)首章以有、无字下断句,自王介甫始。"牟宗三先生说:"'无名'就是'无';'有名'就是'有'……两种读法都可以。"唯"'无名,天地之始。'……这种读法合乎老的习惯……'无,名天地之始。'这种读法大概不是中文的文言老文法。这里,'名'是动词。从古文的习惯上说,这种读法恐怕不太对"。(《老子〈道德经〉讲演录》二,台北《鹅湖》月刊,2003年5月)所言甚是。故兹从古句读。　④妙:微妙,奥妙,幽妙,玄妙。妙字有美学欣赏赞叹意味。凡妙皆不可言说,此即宋词所谓:"悠然心会,妙处难与君说。"(张孝祥《念奴娇·过洞庭》)观:观照,观察。此句意谓人当常处于"无欲"的心境来观照道的妙用。　⑤帛书甲本作"恒有欲也,以观其所噭"。乙本作"恒又欲也,以观亓所噭"。噭,吼叫义,可听而不可观,乃徼之误。徼:归终,归宿,归向。徼之义,须关联物而言。此即王弼注所谓"终物之徼"。终物之义,即牟宗三先生顺王注所释"终物而成济之"之义。终物之徼即成物之徼,亦即终物之向。牟先生又说:"欲即'欲向',非必劣义。"此句意谓:"吾人亦当'常有欲'以观道之'终欲而成济之'之用。"(《才性与玄理》页135)亦即人当常处于"有欲向"的心境来昭察道的成物之归向。常无欲、常有欲两句,历来亦有两种句读。1. 即王弼、河上公以无欲、有欲为读。2. 司马光、王安石、苏辙以常无、常有为读。朱子以为"如此做句者不妥贴"。见《翁(无圻)注困学纪闻》卷十引《朱子语类》。吴澄、魏源等以为两种句读俱通,见上引魏源《老子本义》。牟宗三先生有云:“然‘常有欲’,实即‘常有’也。‘常无欲’,实即‘常无’也。”并认为“王读虽有据,然此等处却不必拘”。(《才性与玄理》页135)余臆,就意思言,两者相通。就句读言,则以“常无欲”、“常有欲”断句,乃古读如此,上引帛本可证。且依帛本“恒无欲也”、“恒有欲也”,为完整的文言句法,从来没有在“无”、“有”与“欲也”之间作割断的读法。故句读当从古。 ⑥帛书甲乙本作“两者同出,异名同谓”。两者,指“无名”(无)与“有名”(有),故亦含“天地之始”之“始”与“万物之母”之“母”,及上句“妙”与“徼”。王弼注:“同出者,同出于玄也。” ⑦王弼注:“玄者,冥也,默然无有也。不可得而名,故不言‘同名曰玄’,而言‘谓之玄’者,取其不可得而谓之然也。”证之上引帛本“异名同谓”,说是。马一浮先生谓“不思议境,名之为玄”。不思议境,即智穷之境。亦是。玄的原义为黑色、阴色、水色、浩瀚无涯的宇宙天地之色,衍生而有幽、幽寂、深隐精微、幽深难测之意。老子用以形容道混同有无的形上性格。依本章,有、无混同之“同”,即称为玄。道兼有无;有无异名,同出于道,浑然同一,幽深高远,精微奥妙,“不可得其形而名之”,故老子乃以玄称之,而玄亦为道的别称。 ⑧“玄之又玄”,其意可有两解:1. 有无浑圆同一为玄,但道之“玄”,不能误解为一次性的,而是一个接着一个的不已的“玄”,无穷无尽的“玄”。此“玄之又玄”乃与“众妙”正前后相应。“众”喻“妙”之多乃无数的、无穷无尽的。故:2. 又是形容道的幽冥深远、奥妙无穷之极。二意相通无碍,皆指道。

【译文】

道,
可以言说出来的,
就不是恒常的道;
名,
可以作为名字的,
就不是恒常的名。
没有名字,
是天地的本始;
有了名字,
是万物的母亲。
所以
经常处于没有欲望的状态,
就可以观看到道的(内在)奥妙;
经常进入有欲望的状态,

就可以观看到道的(表现)矢向。
这无名和有名两样东西,
出自同一本源而只是名称不同;
浑同合一就叫作幽深奥妙的“玄”。
幽深奥妙而又幽深奥妙,
是无量妙用的总门户。

第二章　“养身第二”

天下皆知美之为美，
斯恶已[①]；
皆知善之为善，
斯不善已。
故有无相生[②]，
难易相成，
长短相形[③]，
高下相倾[④]，
音声相和[⑤]，
前后相随，
恒也[⑥]。
是以圣人处[⑦]无为之事，
行不言之教：
万物作焉而不辞[⑧]，
生而不有[⑨]，
为而不恃[⑩]，
功成而弗居。
夫唯弗居，
是以不去[⑪]。

【注释】

①此二句由说明美与恶、善与不善的观念乃由相比较、相对待而生，提示世间万事万物皆处于对待的关系之中，确立名相（概念、观念）的对待性。这里，陈鼓

应所说没错:“一般人多把这两句话解释为:‘天下都知道美之为美,就变成丑了。’老子的原意不在于说明美的东西‘变成’丑,而在于说明有了美的观念,丑的观念也同时产生了。下句‘皆知善之为善,斯不善已。’同样说明相反相因的观念。后面‘有无相生’等六句,都在于说明观念的对立形成,并且在对待关系中彰显出来。”(《老子注译及评介》页65) ②帛书甲乙本作“有无之相生也”,此下5句皆有“之”、“也”,如此句。此“有”、“无”不是指第一章道的形上性格,而是指形下的现象界事物的存在与不存在。 ③形,王弼本原作“较”。傅奕《道德经古本篇》亦作“较”。陈鼓应谓傅本作“形”,误。近人马叙伦《老子校诂》以经训堂傅本为底本,于此有校,作“形”。今人高亨《老子正诂》、朱谦之《老子校释》以下皆从之。帛书甲乙本皆作“刑”,许杭生《帛书老子注释与研究》说:“‘形’、‘刑’音近假借,刑即形。”依韵应作形。 ④倾,帛书甲乙本皆作“盈”。倾、盈同韵(八庚)。盈,《说文》:“满器也。”充满、圆满之义,王弼本“盈”字多见,皆充满、圆满义;“包含”只是它的引申义。倾,仄、侧、覆也(见《经籍纂诂》)。故有倾覆、倾倒、倾斜、倾下、倾向等义。《淮南子·原道训》“使地东南倾”高诱注:“倾,犹下也。”《天文训》“天倾西北”高注“倾高也。〈原道〉言‘地东南倾’,倾下也。”高注实为“高下相倾”提供了一个很好的理解。其实“包含”乃是对有无、难易、长短、高下、音声、前后六对关系的总概括,而不是对某一对特殊关系的直接的具体的说明。相比之下,“倾”对高下关系的说明,就直接、具体,也就更明白。“高下相倾”,就是高下互相倾向或倾斜、倾倒。故兹从王弼本。 ⑤古人认为“音”与“声”是有区别的。区别凡四:1.发于人鸣为声,乐器之声为音。《说文》:“声生于心,有节于外,谓之音。宫、商、角、徵、羽,声也;丝、竹、金、石、匏、土、革、木,音也。”《白虎通·礼乐》:“八音,万物之声也。”通过乐器而有节,即《礼记·乐记》所谓:“声成文,谓之音。”2.(故)《风俗通义·声音》:“声,本;音,末也。”3.《礼记·乐记》:“声者,乐之象。”《左传·昭公十一年》:“夫音、乐之舆也。”4.《周礼·大司乐》又〈鼓人〉、〈乐师〉孔颖达疏:“单出曰声,杂比(意为合)曰音。”又,《礼记·乐记》孔疏:“宫、商、角、徵、羽清浊相杂和比谓之音……众声和合成章谓之音。” ⑥王本及各本皆无“恒也”,据帛书甲、乙本补。 ⑦圣,帛书甲本作“声”。“声”、“圣”音同而误。处,帛书甲本作“居”,检17章王注引此句亦作“居”,二字意同。 ⑧河上本同。帛书乙本作“万物昔而弗始”。傅奕本作“万物作而不为始”。朱谦之考,遂州碑本、敦煌本、范应元本皆作“不为始”,范所见王本亦作“不为始”;认为作“始”义长。高亨认为:“《老子》最古本当是一作‘不辞’,一作‘不始’。傅本‘始’上‘为’字,乃后人妄增也。”毕沅《老子道德经考异》说:“古始、辞声同。”余臆,检17章王注引此句亦作“不为始”;然34章有句:“万物恃之以生而不辞”，与此句意同，俞樾《诸子评议》据此认为“恐亦未可舍古本而从傅本也”。高说是。兹从华亭张氏王本而不改。作，兴起。《易·系辞》：“神农末，黄帝、尧、舜作。”始，创始、开始。许杭生引劳健《老子古本考》：“不为始者，谓因其自然而不先为之创也。”即不为万物的创始。辞，高亨认为义同“司”。余臆，“司”与“宰”义近而稍异，此由34章并有“万物恃之而生而不辞”与“衣养万物而不为主”可证。司，掌管、管理。不司、不治，意均无为而治。 ⑨不有，高亨说：“不以万物为己之私物也。” ⑩河上公注：“施而不恃望其报也。”高亨说：“为而不恃者，犹云施而不德，谓施泽万物而不以为恩也。”帛书甲本作“为而勿志也”，意为施泽万物而不记在心上，亦可通。 ⑪不去：长久永远。

【译文】

全世界都知道美之所以为美，
这同时就已经有丑的(观念)了；
都知道善之所以为善，
这同时就已经有不善的(观念)了。
所以
有与无互相生成，
难与易互相完成，
长与短互相形成，
高与下互相倾向，
音与声互相谐和，
先与后互相跟随，
永远都是如此。
所以圣人处理事情没有作为，
实行不说话的教化：
万物兴起而不掌管治理，
生养万物而不占为己有，
施泽万物而不自恃有德(以望报答)，
事业成就而不自居有功。
就是因为不自居有功，
所以功业才不会失去。

第三章　“安民第三”

不尚贤①，使民不争②。
不贵[难得之]货，
使民不盗③。
不见可欲，
使民心不乱④。
是以圣人之治⑤：
虚其心，
实其腹，
弱其志，
强其骨，
常⑥使民无知无欲；
使夫智者不敢为也。
为无为，
则无不治⑦。

【注释】

①尚，帛书甲乙本作“上”。上、尚通，尊崇、推崇。贤，有德有能的人，或专指有德的人。老子以为无为而治天下，不尚贤。不尚贤，犹今语不树立榜样，不发扬先进，不评选先进，总之，其意谓不树立一使民竞争的目标。　②不争，河上公注：“不争功名，返自然也。”　③马叙伦说：“《北堂书钞》二七引作‘不贵货，使民不盗’。王弼注曰：‘贵货过用，贪者竞趋，穿窬探箧，没命而盗。’则《书钞》所引，疑古本也。今王本作‘不贵难得之货，使民不为盗’。盖后人以六十四章改之矣。”余臆，古代以贝为货币，故贝为宝器，贤、货皆从贝。货，财货、货币。《汉书·叙传》：“货自龟贝。”又有买卖贸易义。不贵货，意为不重视财货、货币及商业贸

易。80章“使民复结绳而用之”、“民至老死不相往来”，其中必有之义，乃普遍主义的“不贵货”，而不是特殊意义的“不贵难得之货”。马说是。 ④坊间流行的晋王弼注本或“心”上有“民”字，中华书局影印华亭张氏原本则无。河上公本无“民”字。刘师培认为古本实有“民”字，盖唐初避讳删此字也。纪昀说：“原本及各本俱无‘民’字，惟《永乐大典》有之。”朱谦之考引诸说，说：“各本并无‘民’字。《永乐大典》盖沿袭吴澄本妄增‘民’字。刘氏谓无‘民’字乃唐初避讳所删，不知古本实无‘民’字，唐初《群书治要》卷三十四引亦无‘民’字。此如与避讳有关，则何不并上两句‘民’字俱删之？此非妄删，直妄增耳。”余臆两说俱通。本章所言，皆原以“民”为“治”、为“安”之对象，故说“使民心不乱”，未尝“妄增”。然检王弼注有云“可欲不见，则心无所乱也”，是王所见文句原无“民”字；且说使“心”，更具哲学的普遍性，“民心”自然概括在内。二者俱通，不悖老子思想；或古原有此两种传本。故不改。可欲，高亨说：“有五色之可欲，则民心乱于色矣。有五音之可欲，则民心乱于音矣。有五味之可欲，则民心乱于味矣。” ⑤傅奕本、帛本“治”下有“也”字。 ⑥常，帛本作“恒”。 ⑦帛乙本没有“为无为”三字。句末，傅奕本有“为也”二字，帛本有“矣”字。

【译文】

不推崇贤能，
使老百姓不竞争（贤的荣誉）。
不重视财货，
使老百姓不盗窃。
不显现可能激起欲望的东西，
使老百姓的心思不会乱七八糟。
所以圣人治理国家：
空虚老百姓的心思，
填饱老百姓的肚皮，
弱化老百姓的意志，
强壮老百姓的筋骨，
永远使老百姓没有知识、没有欲望；
使那些聪明的智巧人不敢（凭智巧）作为。
治世没有作为，
天下就没有不太平的。

第四章 “无源第四”

道冲[①],

而用之久不盈[②]。

渊兮[③]似万物之宗。

挫其锐,

解其纷,

和其光,

同其尘[④],

湛[⑤]兮似或存。

吾不知谁之子,象帝之先[⑥]。

【注释】

①冲:虚,中,深。傅奕本作“盅”。“盅”即“冲”的古文。《说文》:“盅,器虚也。从皿,中声。”并引此句为据:“《老子》曰:‘道盅而用之。’”器皿中有深度的虚空叫盅,故能容物。 ②帛书乙本作“道冲而用之,有弗盈也”。《太平御览》三百二十二引《墨子》所引同。“久”,华亭张氏通行本原作“或”,河上本亦作“或”。王弼注引又作“又”,敦煌本亦作“又”。如上引帛书、《墨子》,则又作“有”。唐景龙碑本作“久”。马叙伦认为,“有”、“又”、“或”、“久”四字古皆通,检义则“久”字为长。兹据以改。之为指示代词,指“盅”;用盅即盅之用。盈:满。不盈:据王弼注,不能穷满,不能充其量。 ③渊:深,深邃,深藏,水深之貌。又,本源,渊源。这里,意为深远的本源。兮:音 xī(希),句末、句中助词,叹词。句中“兮”,朗读时有停顿。相当于“啊”。帛本作“呵”。 ④此四句,诸家多疑为56章的错简重出。余臆,非也。本章说的是道体,56章说的是体道的圣人。其中“和其光,同其尘”成为流传至今的成语“和光同尘”。老子原意为收敛缓和自己的光芒,以齐同尘俗,但不失、不改变本真。王弼注:“和光而不污其体,同尘而不渝其真。”成语

之意大致同，指不露锋芒，不标新立异，不显山露水，与世无争的处世态度。⑤湛：音zhàn（站）。《说文》："没也。"《文选》张衡《思玄赋》旧注："深也。"班固《答宾戏》李善注："古沈（沉）字。"隐没，《文子·上德》："阳伏阴，万物湛。"高亨说："黯不可见之貌。"没、沉、深，隐没，都有不可见之义。 ⑥王弼注："帝，天帝也。"高亨说："象犹似也。象帝之先，犹言似天帝之祖也。"

【译文】

道体冲虚，
可"冲虚"的作用却永远不会充量穷极。
渊深深没有底啊，
真像万物的宗主。
挫钝自己的锋锐，
解脱自己的纷扰；
缓和自己的光芒，
使自己混同尘世，
黑沉沉不可见啊，
看似没有却是真实存在。
我不知道它是谁的孩子，
（只知道）它好像是天帝的祖先。

第五章 “虚用第五”

天地不仁，
以万物为刍狗[①]；
圣人不仁，
以百姓为刍狗[②]。
天地之间，
其犹橐籥[③]乎！
虚而不屈[④]，
动而愈出。
多言数[⑤]穷，
不如守中[⑥]。

【注释】

①刍：音 chú(雏)狗：用草扎成的狗，祭祀所用，用过以后就丢弃。 ②理解这两句的关键词是“不仁”两个字。仁的字义很多，这里，相应的有：1. 爱，兼爱，爱惜。《庄子·天地》：“爱人利物之谓仁。”成玄英注：“仁者，兼爱之名。”《白虎通·情性》：“仁者好生。”2. 亲。《说文》：“仁，亲也。”3. 爱人之心。《韩非·解老》：“仁者，谓其中心欣然爱人。”4. 爱人的情志。《春秋元命苞》：“仁者，情志好生爱人。”综合各义来作贯通的了解，这里的仁，其意当为：有心意有情志的爱。说得详细一点，就是出于情而表现出来的爱，先有爱的作意、爱的存心而表现这个作“意”与存“心”的爱。一言之，就是表现的爱。俗语说，有意为善(有作意的善)不为善(不是真善)。由是，我们可以理解老子所谓的“不仁”，其意不是否定爱人利物的仁本身，而是：1. 不肯认有作意与存心的仁、表现的仁。此即 38 章“上德不德”、“上仁为之而无以为”及 79 章“天道无亲”的意思，亦即与《庄子·庚桑楚》所谓“至仁无亲”、《齐物论》所谓“大仁不仁”的“无亲”与“不仁”同一意思。又，高

亨说："不仁，只是无所亲爱而已。"2. 听任自然。王弼注："天地任自然，无为无造，万物自相治理，故不仁也。"河上公注："天施地化，不以仁恩，任自然也。"吴澄说："仁谓有心于爱之也。天地无心于爱物而任其自生自成。"圣人亦然。《文子·自然》旧注："天地生万物，百姓养百姓，岂有心于物，有私于人哉！一以观之，有同刍狗。"故此二句的意思是，天地是没有心、没有意志、没有感情的，听任万物自然生长自然消亡；圣人体天地无心之道，没有表现自己仁爱的作意，不以自己的意志去干预老百姓生活，不以自己的亲情私情去影响老百姓，让老百姓自然生老病死。 ③其：代名词，彼、它。橐籥：音 tuó yuè（驼岳）。古代冶炼用的风箱和风箱上吹火的竹筒。王弼注："橐，排橐也。籥，乐籥也。"即为风箱和乐管。乐管与风箱、竹筒，构造都是当中空虚，意思都如王弼注："橐籥之中，空洞，无情，无为。" ④屈：穷，竭，尽，亏。王弼注："虚而不得穷屈。"河上公注："言空虚无有屈竭时。" ⑤数：速。 ⑥中：即"橐籥之中"的中，空虚、空洞、无情、无为的"中"。杨柳桥《老子译话》："这个'中'即是上章'道，冲'的'冲'。"说是。高亨以为："中者，簿书也。"意亦通，义逊于"冲"。

【译文】

天地不表现仁爱，
把万物当草狗；
圣人不表现仁爱，
把百姓当草狗。
天与地的中间，
它不就好像风箱和竹筒一样吗！
当中空虚而（里面蕴藏的风）不会穷竭，
越动，风愈出来。
多说多话，加速完蛋，
还不如守住冲虚。

第六章　“成象第六”

谷神不死①，
是谓玄牝②。
玄牝之门，
是谓天地根。
绵绵若存③，
用之不勤④。

【注释】

①司马光《道德真经论》：“中虚，故曰谷；不测，故曰神；天地有穷而道无穷，故曰不死。”严复《老子道德经评点》：“以其虚，故曰谷；以其因应无穷，故称神；以其不屈愈出，故曰不死。三者皆道之德也。”又，谷，河上原本作“浴”。陆德明《经典释文》：“浴，养也。”高亨说：“‘谷’‘浴’古通用。谷神者，道之别名也。谷读为穀……生养之神。道能生天地养万物，故曰谷神。不死言其长在也。”《翁注困学纪闻》卷十引《毕氏考异》说边韶《老子铭》引亦作浴神，与河上本同。又引马公绣《绎史》曰：“谷神，《列子》引黄帝语也。或云《五千言》古有是语，而老子传之。”以谷神为生养之神，故王应麟说：“《谷神》一章，养生者宗焉。”余臆：就道之体而言，则中虚之神，亦即冲虚之神；就道之用而言，则生养之神。冲虚，即上章“天地之间，其犹橐籥乎”。故冲虚之神，犹今语太虚之神、太空之神。　②玄牝，亦道的别称，形而上的牝，万物之母。牝：音 pìn（聘）。雌性的阴户、生殖器。高亨说：“玄者，形而上之义也。牝者，能生养万物也。道为生天地万物之物，故谓之牝。道之为牝，乃形而上者，故谓之玄牝。”马一浮注此两句说：“冲德不盈喻如谷，妙用无方字曰神，寂而常感故不死。渊为物宗因谓玄，生出万法名曰牝。”甚佳。③帛本作“绵绵呵其若存”。成玄英说：“绵绵，微细不断貌也。”高亨说：“唯其冥冥不可见，故曰若存。”朱谦之说：“言其绵绵微妙，似存而非存。”绵绵亦古传之语，《史记·苏秦列传》苏秦引《周书》曰：“绵绵不绝，蔓蔓奈何？”　④勤：尽。

高亨说:"勤尽一声之转。"

【译文】

谷神(冲虚之神)不会死亡,

这叫作玄牝(玄妙的万物之母)。

玄妙的母性生殖门户,

这叫作天地的根源。

(它)绵绵不断地长久永存着,

作用不会穷尽。

第七章 “韬光第七”

天长地久。

天地所以能长且久者，

以其不自生，

故能长生[①]。

是以圣人后[②]其身[③]而身先，

外其身而身存。

非以其无私邪[④]？

故能成其私。

【注释】

①帛本句末有“也”字。“生”，景龙碑本、敦煌本作“久”。长久与长生意同。②“后”，帛乙本作“退”。 ③身，即10章所说“营魄抱一”之身。 ④河上本作“以其无私”。帛乙本作“不以其无私舆”。王弼注：“无私者，无为于身也。”

【译文】

天长远地永久。

天地之所以能够长远而且永久，

是因为它不是为了自己而生存，

所以能长久生存。

所以圣人自身甘居人后、结果反而身能领先；

将自身置之度外、结果自身反而能保存。

不正是因为他能够不自私吗？

所以反而能够成就他自己。

第八章 “易性第八”

上善若水。
水善利万物而不争，
处众人之所恶①，
故几于道②。
居善地③，
心善渊④，
与善仁⑤，
言善信，
正善治⑥，
事善能，
动善时⑦。
夫唯不争，
故无尤⑧。

【注释】

①处：居、居住、停留。帛本作“居”。王弼注：“人恶卑也。”人们所厌恶居住的是低卑之地。 ②几：近，几乎，差不多。王弼注：“道，无；水，有。故曰几也。”以上说上善的德性，以下说上善的人。 ③《荀子·儒效》：“至下谓之地。”即上说“众人之所恶”之地。此句意为随处而安。 ④《庄子·在宥》：“其居也，渊而静。”郭象注：“静之可使如渊。”《应帝王》郭象注：“渊者静默之谓。”于鬯音 chàng（唱）《香草续校书》引《尔雅·释天》李巡注云：“渊，藏也……凡渊属心言者，当备深藏静默之义。心善渊，亦谓其心善于深藏静默耳。” ⑤与：相与，交往。 ⑥正，即 50 章“其政闷闷”、“其政察察”之“政”。正、政古通用。《史记·陆贾列传》“秦失其政”，《汉书·陆贾传》即作“秦失其正”。 ⑦ 善

时：契时契机。张起钧《智慧的老子》释："一切行动以能恰合其时为善。"
⑧尤：过错，过失。

【译文】

上等的善好比是水。

水善于滋润万物而不和万物相争，

居住在众人所厌恶的低卑地方，

所以最接近道。

居住善于随地而安，

内心善于深藏静默，

待人接物善于仁爱，

说话善于讲究信用，

施政善于安定太平，

做事善于发挥才能，

行动善于适合时宜。

正因为不(和万物相)争，

所以才不会有过失。

第九章 “运夷第九”

持而盈之[①]，
不如其已[②]。
揣而锐之[③]，
不可长保。
金玉满堂[④]，
莫之能守。
富贵而骄，
自遗其咎。
功遂身退[⑤]，
天之道也[⑥]。

【注释】

①持：握。手中握持的东西满了，意谓握满了权力与财货。帛本作“揎”，许杭生疑为“殖”。《广雅·释诂》：“殖，积也。”意亦通。　②已：止，停止，终止，结束。这里意为放弃。　③揣：音 zhuī（锥），捶击。孙诒让说：“‘揣’当读为‘捶’。”高亨说：“‘揣’疑借为‘段（锻）’。”马叙伦《校诂》本校“揣”作“锻”，引许慎注：“捶，锻击也。”《说文》：“锻，小冶也。”锐，张氏王本原作“棁”。河上本作“锐”。王弼注：“锐之令利。”则王本原作“锐”，据以改。　④帛本作“金玉盈室”。　⑤傅奕本作“成名功遂身退”，景龙碑本等作“功成名遂身退”，《淮南子·道应训》引亦作“功成名遂身退”。《汉书·疏广传》引作“功遂身退”，帛书乙本亦作“功遂身退”。遂：成。《经典释文》：“遂，本又作成。”　⑥“也”字王弼本原无，兹据帛本补。

【译文】

握持满手，

不如就将它结束(放弃)。
锻击得锋芒锐利，
不可能长久保持。
金玉堆满了屋，
没法能守藏得住。
富贵而又骄傲，
是自己给自己留下灾祸。
功成名就身就退，
这就是天运行的轨道。

第十章 “能为第十”

载营魄抱一[①]，
能无离乎？
专气致柔[②]，
能婴儿乎[③]？
涤除玄览[④]，
能无疵乎[⑤]？
爱民治国，
能无为乎[⑥]？
天门[⑦]开阖，
能为雌乎[⑧]？
明白四达，
能无知乎[⑨]？
生之，畜之。
生而不有，
为而不恃，
长而不宰，
是谓玄德[⑩]。

【注释】

①载：抱。以抱训载，刘师培、高亨都以为是汉人的故训。营魄，河上公注："魂魄也。"《淮南子·说山训》高诱注："魄，人阴神也；魂，人阳神也。"《楚辞·大招》王逸注："魂者，阳之精也；魄者，阴之形也。"《礼记·礼运》有"体魄"，《郊特牲》有"形魄"。杨柳桥引钟会注："形气为魄。"朱谦之说："魄，形体也，与魂不

同。”故魂与魄,当即精神与形气,灵魂与体魄。陈鼓应引林希逸《老子口义》说:“抱者,合也。”高亨说:“一谓身也。” ②专,各本均作专,或谓当为“抟”。朱谦之说:“《老子》之‘专气’,即《管子·内业》之‘抟气’,所谓‘抟气如神,万物备存’。”帛乙本作“榑”。榑为屋栋,是名词而非动词,显是“抟”之误。抟,音 tuán(团)。捏聚,结聚,凝聚。高亨说:“《老子》之‘专气’与《管子》之‘抟气’同。”“婴儿之精神作用不分驰于物,且骨弱筋柔,故曰‘专气致柔,能婴儿乎!’” ③傅奕本及《淮南子·道应训》所引,“能”下有“如”。奚侗《老子集解》认为此乃增字以足其谊。④高亨说:“览”读为“鉴”,“览”“鉴”古通用。参见小辞典“玄览”条。 ⑤疵:病;黑斑。 ⑥“无为”,张氏王本原作“无知”。景龙碑、吴澄本作“无为”。俞樾、高亨、朱谦之、缪尔纾等皆从之。兹据以改。 ⑦天门,指耳目口鼻。高亨说:“耳为声之门,目为色之门,口为饮食言语之门,鼻为臭之门,而皆天所赋予,故谓之天门也。”开阖音 hé(合):开合,开闭。此句意为耳目口鼻在开合动静中与外界相接。 ⑧“为”,通行本作“无”。河上公、景龙碑、傅奕、吴澄本皆作“为”。上注提及诸家从之。王弼注引亦作“为”,知原作“为”。又,河上公注:“治身当如雌性安静柔弱。” ⑨“知”,通行本作“为”。景龙碑、吴澄本作“知”,帛乙本亦作“知”。今据以改。 ⑩参见本书小辞典“玄德”条。又,自“生之”至“玄德”,注家或疑为51章错简重出而删去。朱谦之说:“此(玄德)盖赞叹之辞,故不避重叠。”检这段文字,帛乙本亦有:“生之畜之,生而弗有,长而弗宰也,是胃(谓)玄德。”虽缺“为而不恃”,个别字异,意思一样。帛甲本缺字甚多,但文义脉络可辨,亦完全一致。很可能《老子》古本就是如此。

【译文】

灵魂和体魄抱而合一,
能分离得了吗?
凝聚元气以求身体柔软,
能达到婴儿状态吗?
洗涤打扫玄妙的心镜,
能做到没有污斑吗?
爱护人民、治理国家,
能做到没有作为吗?
耳目口鼻开合动静,
能像雌性一样安静吗?
明白得通晓四面八方,
能做到与无知一样吗?

生育万物，畜养万物，
生养万物而不占为己有，
施泽万物而不自恃有德，
领导万物而不主宰万物，
这就叫作幽深奥妙的“玄德”。

第十一章 “无用第十一”

三十辐共一毂[1]，
当其无[2]，
有车之用。
埏埴[3]以为器，
当其无，
有器之用。
凿户牖以为室[4]，
当其无，
有室之用。
故有之以为利，
无之以为用。

【注释】

①辐：车轮上连接内轴圈和外轮圈的直木条。毂：音 gǔ（谷）。可以穿插车轴的内轴圈的圆孔木。古人制器尚像，车轮形圆像月，辐三十像一月之数。②无，指内轴圆孔。内轴圆圈，当中空虚，可以插轴运轮，而有车辆运输的作用。③埏：音 shān（羶）。埴：音 zhì（帜）。河上公注：“埏，和也；埴，土也。和土以为饮食之器。”《荀子·性恶篇》“陶人埏埴而为器”杨倞注：“埏，击也；埴，黏土也。击黏土而成器。埏音羶。” ④户：门。牖：音 yǒu（有）。窗。

【译文】

三十根辐条共同凑集在一个轮毂上，
就在轮毂当中虚空的地方，
有了车辆的作用。
揉和黏土，制成器皿，

就在器皿当中虚空的地方，
有了器皿的作用。
开凿门窗，建成房屋，
就在门洞窗洞四壁中虚空的地方，
有了房屋的作用。
所以，
靠了“有”而成为便利，
靠了“无”才发生作用。

第十二章 “检欲第十二”

五色①令人目盲，

五音②令人耳聋，

五味令人口爽③，

驰骋畋猎令人心发狂④，

难得之货令人行妨⑤。

是以圣人为腹不为目⑥。

故去彼取此。

【注释】

①五色：青、黄、赤、白、黑。概指种种颜色。 ②五音：宫、商、角、徵、羽。概指种种音乐声响。 ③五味：咸、苦、酸、辛、甘。爽：败、伤，差失。王弼注：“失口之用，故谓之爽。”概指种种美味佳肴。 ④畋：音 tiān（田）。打猎。帛本作“田”。高亨说：“‘发’字疑衍……狂本心病……盖心失其本能，改其常态，是为狂。今人所云疯病、精神病是也。”《韩非子·解老》：“目不能决黑白之色，则谓之盲。耳不能别清浊之声，则谓之聋。心不能审得失之地，则谓之狂。” ⑤王弼注：“难得之货，塞人正路，故令人行妨。” ⑥王弼注：“为腹者，以物养己。为目者，以物役己。”这里举“目”为例，乃以“目”概括目、耳、口、心、身。不为目，意为圣人不为外面的世界所牵引，不为外物所奴役，不追求感官刺激，不追逐五色、五音、五味、畋猎、宝货，而招致目盲、耳聋、口爽、心狂、行妨。

【译文】

五颜六色会使人看得眼睛发瞎，

音乐声响会使人听得耳朵失聪，

美味佳肴会使人吃得味觉丧失，

纵情奔马、田野打猎，会使人心疯狂，

稀有的货物会使人行为出轨。

所以圣人只讲吃饱肚皮，不求声色犬马、愉悦耳目。

所以抛弃那个“为目”，采取这个“为腹”。

第十三章 “猒* 耻第十三”

* 猒：音 yàn（厌）。义与厌同。

宠辱若惊①，
贵大患若身②。
何谓宠辱若惊？宠为下[也]③，
得之若惊，
失之若惊，
是谓宠辱若惊。
何谓贵大患若身？
吾所以有大患者，
为吾有身；
及④吾无身，
吾有何患？
故贵以身为天下，
若可寄天下⑤；
爱以身为天下，
若可托天下⑥。

【注释】

①若：同，一样。河上公注：“身宠亦惊，身辱亦惊。宠辱等，荣患同也。” ②意为贵身若大患。 ③王弼本及傅奕、范应元（《老子道德经古本集注》）本皆作“宠为下”。河上公、景龙碑本则作“辱为下”；唐景福碑、宋陈景元《道德真经藏室纂微篇》、元李道纯《道德会元》作“宠为上，辱为下”，宋彭耜《道德真经集注》

以为河上古本原作“宠为上,辱为下”,俞樾以为此可订诸本之误。(朱谦之《老子校释》)余臆:后二者皆非。理由有二:1. 从义理上说,老子之意,在“宠”与“辱”一样,都是卑下的。但是,“宠为上,辱为下”,世人皆知之,不成为问题,无须说;而“宠为下”,世人则不知,这才需要特别提出来,专论之,以纠正世人以“宠”为“上”的观念。此下“得之若惊,失之若惊”即是对“宠为下”的专论。2. 从考据上说,帛甲本作“龙[宠]为下”,帛乙本作“弄[宠]之为下也”,郭店简本作“宠为下也”,文、意均与王本同。帛本、简本为现今发现的最古最早的《老子》本。一般情况下,版本从古从先,乃考据学一原则。二点合观,故从王本。并据帛本、简本以增“也”字。“也”:“语末助词助兼词,表提示以起下文。”(杨树达《词诠》页 373)有此“也”字,不仅加重了“宠”之为“下”的语气,并与下面文气连贯。 ④及:假若、如果。 ⑤本章九个“若”字,前七“若”同义,已见注①。此下二“若”同义:乃,始。 ⑥贵以身即以贵身,爱以身即以爱身。范应元说:“贵以身为天下者,不轻身以徇物也;爱以身为天下者,不危身以掇(音 duó 夺,义取)患也。”上下两句“若可乂天下”,帛甲、乙本“迈、橐(托)”与“寄”互换。又,上句语末,甲本有“矣”字;下句语末,乙本有“矣”字。

【译文】

得宠和受辱同样惊恐,
重视身体像重视大忧患一样。
什么叫得宠和受辱同样惊恐?
得宠(也)是卑下的喔,
得宠了(与受辱)同样惊恐,
失宠了同样惊恐,
这就叫得宠和受辱同样惊恐。
什么叫重视身体像重视大忧患一样?
我所以有大忧患,
是因为我有这个身体;
如果我没有这个身体,
我还会有什么大忧患呢?
所以
用重视自己身体一样的态度来治理天下,
始可以把天下寄托给他;
用爱惜自己身体一样的态度来治理天下,
始可以把天下寄托给他。

第十四章　“赞玄第十四”

视之不见，名曰夷①；
听之不闻，名曰希②；
搏之不得，名曰微③。
此三者不可致诘④，
故混而为一⑤。
其上不皦⑥，
其下不昧⑦，
绳绳不可名⑧，
复归于无物。
是谓无状之状，无象之象，
是谓惚恍⑨。
迎之不见其首，
随之不见其后。
执古之道，
以御今之有⑩。
能知古始，
是谓道纪⑪。

【注释】

①夷：灭。　②希：寂。　③搏：索持，握持，触于手。微：无，没有。以上三句，帛本“名”皆作“命”，“夷”与“微”对调。河上公注：“无相曰夷，无声曰希，无形曰微。”高亨：夷者，无形之名。希者，无声之名。微者，无质之名。　④致诘：究诘，穷究追问，追问到底。　⑤故：本来，原来。高亨：“疑读为固。”河上

公:“混,合也。” ⑥皦:音 jiǎo(皎)。洁白,明亮。 ⑦昧:闇,昏暗。这二句,帛乙本作“一者,其上不谬,其下不勿”。 ⑧绳绳:绵绵不绝、无限长远、无边无际,即下述“迎之不见其首,随之不见其后”之貌。杨柳桥引梁武帝注:“绳绳,无涯际之貌。”帛乙本作:“寻寻呵不可名也。”许杭生说:“寻寻”犹“绳绳”,音近义同。 ⑨“惚恍”即“恍惚”。蒋锡昌《老子校诂》:“《老子》必欲以‘恍惚’倒成‘惚恍’者,因‘象’‘恍’为韵耳。” ⑩御:统治,治理。有:天下万有,即现象世界。刘师培说:“‘有’即‘域’之假字也……‘有’即‘域’,‘域’即二十五章‘域中有四大’之‘域’也。‘御今之有’,犹言御今之天下国家也。”《礼记·中庸》:“生乎今之世,反古之道。”此文“今之有”,与彼“今之世”略同。刘说亦通。⑪纪:纪纲,纲领。

【译文】

看它看不见,叫作无相的“夷”;
听它听不到,叫作无声的“希”;
摸它摸不着,叫作无形的“微”。
夷、希、微这三样不可能穷究追问,
本来就混沌不分、合而为“一”。
(这个“一”,)
它的上端不明亮,
它的下端不昏暗,
绵绵不绝、无限延长而不能给它命名,
(最后)又返回到“无物”(没有物质)。
这叫作没有形状的形状,
没有物象的大象,
这就叫作似存似亡的“惚恍”。
迎上去看不见它的前头,
跟随它看不见它的背后。
把握上古(以来)的道,
来治理如今天下的万事万物。
能够了解上古的原始,
这就叫作“道”的纲领。

第十五章　“显德第十五”

古之善为道[1]者，
微妙玄通，
深不可识。
夫唯不可识，
故强为之容[2]：
豫[3]焉若冬涉川，
犹[4]兮若畏四邻[5]，
俨兮其若客[6]，
涣兮若冰之将释[7]，
敦兮其若朴[8]，
旷兮其若谷，
混兮其若浊。
孰能浊以静之徐清[9]？
孰能安以动之徐生[10]？
保此道者不欲盈。
夫唯不盈，
故能蔽而新成[11]。

【注释】

①王弼本原作“士”；河上、傅奕、帛乙本皆作“道”，义胜。兹据以改。　②敦煌六朝写本汉张道陵《老子想尔注》：“容，形状也。”　③豫：迟疑犹豫，小心谨慎。与战战兢兢、如临深渊同义。　④犹，与豫同。　⑤“畏四邻”可为80章“民至老死不相往来”作一解。　⑥俨：矜庄、恭敬。客：王弼本原作“容”；河

上、想尔注、傅奕、吴澄、帛本皆作“客”。朱谦之说：“‘客’字与下文释、朴、谷、浊等四字为韵，作‘容’者非也。” ⑦涣：涣散，涣解，消散。释：消融，融化。高亨疑“将”字衍。 ⑧朴：未经雕凿的木材。缪尔纾说：“朴者，未斫器之木也。”（《老子新注》）释德清（憨山）说：“木之未制成器者，谓之朴。”（《老子道德经解》）朴为老子所指道的别称，见37章所说“吾将镇之以无名之朴”。其以朴喻道，意在说明道的原始、本真、素朴。参见28章注④、37章注③。 ⑨帛甲本作“浊而情（静）之余（徐）清”，乙本作“浊而静之徐清”。 ⑩通行本“以”下有“久”字，疑衍。检王弼注“安以动物”，则王弼古本原无“久”字。帛本作“女（安）以重（动）之余（徐）生”，亦无“久”字。故据以删。 ⑪蔽：通“敝”，破旧。“而”王弼本原作“不”。易顺鼎《读老札记》：“‘不’者，‘而’之误字也。敝与新对。能敝而新成者，即二十二章所云‘敝则新’。”高亨说：“易说是也。篆文‘不’作，‘而’作，形近故讹。”

【译文】

古代善于实践道的人，
精微、奥妙、玄默、通达，
幽深得不能认识。
正因为不能认识，
所以只得勉强来形容他：
战战兢兢呵，好像冬天里徒步过河；
谨慎小心呵，好像怕得罪周围的邻居；
恭恭敬敬呵，他好像在做宾客；
涣涣散散呵，好像冰块在溶化；
敦敦实实呵，他好像未经雕凿的木质；
空空旷旷呵，他好像山谷；
混混沌沌呵，他好像浑浊。
谁能使浑浊沉静下来，慢慢地澄清呢？
谁能使安静活动起来，慢慢地生长呢？
保守这个道的人不需要自满。
正因为他不自满，
所以能保持旧的而生成新的（由旧生新）。

第十六章　“归根第十六”

致虚恒，
守静笃①。
万物并作②，
吾以观复③。
夫物芸芸④，
各复归其根⑤。
归根曰静，
是谓复命⑥。
复命曰常，
知常曰明。
不知常，
妄⑦；
妄作凶。
知常容⑧，
容乃公⑨，
公乃全⑩，
全乃天，
天乃道，
道乃久，
没身不殆⑪。

【注释】

①“恒”，王弼及诸本原作“极”，今据郭店简本改。这两句是老子工夫论的关键

词,郭店本作“至虚,恒也。守中,笃也”。“致”原通“至”,义为达到。极:极度,顶点,最高程度。笃:真诚,专一,坚实,牢固,并含极顶程度的意味。故若按王弼本,这两句都是表示工夫的程度。而按郭店本,则前一句在表示工夫的时间,后一句在表示工夫的程度。两本俱通,而以郭店本意义完备。 ②作:生成跃动,兴起。吴澄注:“作,动也。”参见第2章注⑧。 ③复:返,还,归。 ④芸芸:众多的样子。 ⑤王弼注:“各返其所始也。” ⑥复命:返归本性。 ⑦“妄”,据帛书甲乙本增。 ⑧容:包容。王弼注:“无所不包通也。”河上公注:“无所不包容也。” ⑨公:王弼注:“荡然公平。”河上公注:“公正无私。” ⑩“全”,通行本原作“王”。劳健《老子古本考》认为“王”是“全”之坏字。“全”“天”二字为韵。检王弼以“无所不周普也”注此字,则此字正应作全。 ⑪殆:危险。

【译文】

长久永远地达到虚无的心境,
牢牢不变地保持平静的心境。
万物一齐运动兴作,
我就从这里来观察它们的往复归宿。
事物虽然繁盛众多、复杂纷纭,
(最后)总归要各自返回到它们的本根。
返回本根叫作虚静,
这就叫作回归本性。
回归本性叫作永恒,
了解永恒叫作明智。
不了解永恒,
就会越轨乱动;
越轨乱动就会遭遇凶险。
了解永恒就能包容万物,
包容万物始是坦荡公平,
坦荡公平始能普世周全,
普世周全始能与天合德,
与天合德始能与道同体,
与道同体始能永恒长久,
一生一世不会有危险。

第十七章　“淳风第十七”

太上[①]，
不[②]知有之[③]；
其次，
亲而誉之[④]；
其次，
畏之；
其次，
侮之。
信不足焉，
有不信焉！
悠兮其贵言[⑤]。
功成事遂，
百姓皆谓:我自然[⑥]。

【注释】

①太上:最上，最好。所指，历来有两解。1. 指人君、统治者，王弼注:“太上谓大人也，大人在上，故曰太上。”河上公注:“太上，谓太古无名之君也。”后世皆从之。2. 指时世、世代。吴澄说:“太上，犹言最上，最上谓大道之世，相忘于无为。”蒋锡昌以为王弼、河上二注误，陈鼓应从之。余臆:以“太上”指君者误，非也。古代，太上一词，从未专指太上之“世”，亦以指最有德最好的人君。《史记·天官书》:“太上修德，其次修政，其次修救，其次修禳。”文句结构、排列均与本章同，所指即人君。又《汉书·淮南厉王刘长传》如淳注:“太上，天子也。”《汉书·匡衡传》:“太上，居尊上之位也。”即蒋氏所引以为据的“太上立德，其次立功，其次立言”亦并非指“世”，而是指“人”(之最上者)。且，当太上指“世”时，亦是专指三

皇五帝之世。《礼记·曲礼》注:“太上,谓三皇五帝之世也。”则指“太上之世”时,已含“最好的人君”之意。“太上立德”原又专指黄帝尧舜。《左传·襄公二十四年》:“太上有立德。”注:“黄帝尧舜。”故本章所谓“太上”,是价值层级、世代与人君为一体的概念,而以人君为实,意为最古最好世代的人君,而河上公注亦约略当之。　②“不”,王弼本原作“下”,郭店本亦作“下”。吴澄、焦竑《老子翼》等本作“不”。“不知有之”即“相忘于无为”,故“不”义胜于“下”。“下”义劣,不合《老子》精意,疑原为“不”之脱误。　③之:代名词,指主格“太上”。以下三句“之”字,义同,指该句主格“其次”。　④傅奕本作“其次亲之,其次誉之”。意思分得更细,亦通。　⑤悠:忧思,深思。《诗·关雎》:“悠哉悠哉,辗转反侧。”《诗·泉水》:“我心悠悠。”郭店本作“犹乎其贵言也”。“犹”见15章注④,与“悠”义近意似。贵言:即2章“行不言之教”、23章“希言”之意。　⑥“我”,有两解。1.指“太上”,意谓老百姓都说我顺乎自然。2.指“百姓”。吴澄说:“然,如此也。百姓皆谓我自如此。”意谓功成事遂与君主无关,一切成就都是自然而然的。指“太上”,此与“不知有之”不能相契;指“百姓”,则相契。又,《庄子·庚桑楚》郭象注引作“而百姓皆谓我自尔”。自尔,即自己这样、自己如此的。自“贵言”云云至“我自然”,意即57章“我无为而民自化,我好静而民自正,我无事而民自富,我无欲而民自朴。”

【译文】

太古时代最好的君主,
老百姓不知道有他的存在;
其次一等的君主,
老百姓亲近他、称赞他;
再次一等的君主,
老百姓害怕他;
更次一等的君主,
老百姓辱骂他。
(君主)诚信不够嘞,
老百姓就不会相信他了!
悠哉悠哉、欲言又止呵,
他对说话极为重视(不轻说话)。
功业成就,事情办妥,
老百姓都说:我是自己这样子的。

第十八章 “俗薄第十八”

大道废，

[焉][1]有仁义。

智慧出，

[焉]有大伪[2]。

六亲[3]不和，

[焉]有孝慈[4]。

国家昏乱，

[焉]有忠臣[5]。

【注释】

①“焉”，通行本无，据傅奕、郭店本补，下均同。唯全章，郭店本无第2段“智慧出，焉有大伪”。焉有多义，这里可有两训。1. 何。2. 乃，于是。两训俱通，但意义亦因此歧异。依1，则仁义本在大道中，故存则同在，废则俱亡；意义虽佳，惜与38章“失道而后德，失德而后仁，失仁而后义”不合。余反复思之，乃舍1取2，下三“焉”亦同。　②“智慧”，通行本原作“慧智”。河上公作“智惠”，傅奕、吴澄、想尔注等本作“智慧”。依王弼注所引，亦当作“智慧”。“智慧出，有大伪”，郭店本无此两句，陈鼓应认为可能为庄子后学影响所增添。余臆，郭店本原为摘抄本，《老子》原为反（理）智主义，此两句与19章“绝智弃辩”，意正相通。王弼注：“行术用明，以察奸伪趣；睹形见物，知避之。故智慧出，则大伪生也。”可知此所谓智慧，乃术智、机智、智巧（巧慧）以及知识之知，属今语理智之智（非道德性的智慧）。　③六亲：父、子、兄、弟、夫、妇。王弼注：“六亲：父、子、兄、弟、夫、妇也。”　④马叙伦以为当作“孝子”。依19章“民复孝慈”，郭店本亦作“孝慈”。“孝慈”是。　⑤王弼注：“若六亲自和、国家自治，则孝慈、忠臣不知其所矣。鱼相忘于江湖之道，则相濡之德生也。”

【译文】

大道废弛了，

于是就出现了仁义。

智慧出现了，

于是就出现了大诈大伪。

六亲不和睦了，

于是就出现了孝慈。

国家昏乱了，

于是就出现了忠臣。

第十九章 “还淳第十九”

绝智弃辩①，
民利百倍。
绝伪弃诈②，
民复孝慈③。
绝巧弃利④，
盗贼亡有。
此三者以为文不足⑤，
故令有所属⑥：
见素抱朴⑦，
少私寡欲，
绝学无忧⑧。

【注释】

①通行本原作“绝圣弃智”，兹依郭店本改。高亨已看出：“《老子》书称圣人者，凡三十许处，皆视为至高之人而无诋訾之语，此乃云绝圣者，非自相矛盾也。”而认为此处之圣与他处圣人之圣，义训不同，“此圣字仅是博通深察；可云大智曰圣，与圣人之圣异义”。此是以“智”之大者释圣，与王弼注“圣，智才之善也”同。然而，1. 圣之为智之智，与智才之智，其义当有别。圣的本义为通，《说文》：“圣，通也。”《荀子·臣道》注：“圣者，无所不通之谓也。”而圣之为智，则为通智、睿智、上智。《诗·凯风》笺：“睿作圣。”疏：“圣者，通智之名，故曰睿。”《诗·小宛》疏：“通智谓圣。”《书·多方疏》：“圣者，上智之名。”《书·洪范》疏：“圣是智之上通之大也。”此通智、睿智、上智，当是81章“知者不博，博者不知”之“知”，亦即10章所谓之“玄览（鉴）”，张衡《东京赋》：“睿哲玄览。”而与术智、机智、智巧之“智”，根本不属于同一层次。通智是超越性、整体性的玄智，而术智、机智、智巧

是才性、经验性、了别性的理智。这就是说,不仅是道德人格意义的圣人之"圣",即使是通智意义的"圣",也不可能是《老子》所要"诋訾",所要"绝"的。王弼显然清楚这一点。他之所以要以"智才之善"来注释此处之"圣",恐怕就是为了使此处之"圣"与他处之"圣"不自相抵触,亦与《老子》反(理)智思想相一致。可是,这样一来,却与圣之为通智之义训相歧离。而且,王注只是诠释的一致,这个诠释的一致并不等于文本自身的一致。此处所要绝的"圣",仍是孤立无援,与他处"无诋訾"之"圣"的自相矛盾的问题仍未获解决。因此,王弼的注释未必是。2. 以"大智"释"绝圣"之"圣"亦不合老子的思维方式,在文本中,凡称大者,其义都不是贬抑性的,如45章"大成"、"大盈"、"大巧"、"大辩"。3. 即使圣之为"博知"之"大智"、"智才之善"的意义成立,可一置入"绝圣弃智"句中,全句的实义就成了"绝智弃智"的同义反复,这与《老子》遣词造句的风格凿枘不合。今易以郭店本"绝智弃辩",上述三个问题不再存在,不解自解。辩:巧言善辩,犹如孔子所斥之"巧言令色"、《荀子》所斥少正卯"言伪而辩"之"辩"。绝智弃辩,意为统治者对老百姓不要玩弄机巧、乱出花头、耍嘴皮子、哄吓骗嚓,等等。 ②原作"绝仁弃义",兹据郭店本改。 ③这二句,郭店本与下二句次序互换。 ④《说文》:"巧,技也。"抱:怀抱,守。《史记·魏公子列传》:"嬴乃夷门抱关者也。" ⑤三者,指绝智弃辩、绝巧弃利、绝伪弃诈。文:典法、礼法(《国语·周语》韦昭注),法度(《荀子·礼论》杨倞注)。 ⑥高亨说:"谓令民有所属。"属:隶属,归属,亲附,归向。 ⑦见:觅取、寻求。 ⑧此句诸本多为下章之首(郭店本亦然),马叙伦、蒋锡昌依晁公武《郡斋读书记》,认为当属此章。高亨从之,移于此。说是。又,于鬯《香草续校书》谓此句掇在此章之末甚确。盖绝学、无忧与见素、抱朴、少私、寡欲同一例,皆平列法。三句并列而语有次第。老子之道贵素朴,故曰见,曰抢。贱私欲,故曰少,曰寡。至于学与忧,尤老子之所贱矣,故直曰绝,曰无。马一浮亦以为当属此章,说:"古音尤幽屋沃同部,此句属此,与上为韵,文义方足。向来误入下章,文乃不贯且尤幽可与萧豪相转,不可与歌戈相转"。

【译文】

杜绝智巧,抛弃言辩,

老百姓就会得到百倍的方便和利益。

杜绝虚伪,抛弃欺诈,

老百姓就会返回到孝悌和仁慈(的德性)。

杜绝技巧,抛弃货利,

强盗和蟊贼就自然会消失。

将这三个"绝弃"制定为文法,(来治理天下),是不够的,所以还要使老百姓心有归属：
呈现本色，抱守淳朴，
减少私心，降低欲望，
杜绝学习，无忧无虑。

第二十章*　“异俗第二十”

* 高亨说：本章文句，颇多窜乱，无可辩证。马一浮谓本章以众人有情境界对显道人无心妙境也。

唯之与呵[①]，
相去几何？
美[②]之与恶，
相去何若[③]？
人之所畏，
不可不畏[④]。
荒兮其未央哉[⑤]！
众人熙熙[⑥]，
如享太牢[⑦]，
如春登台。
我独泊[⑧]兮其未兆，
如婴儿之未咳[⑨]。
儽儽[⑩]兮若无所归[⑪]。
众人皆有余，
而我独若遗[⑫]。
我愚人之心也哉，沌沌兮！
俗人昭昭，
我独昏昏。
俗人察察[⑬]，

我独闷闷⑭。
澹⑮兮其若海，
飂⑯兮若无止。
众人皆有以⑰，
而我独顽似鄙。
我独异于人：
而贵食母⑱。

【注释】

①“呵”，原作“阿”，据刘师培说及帛本改。帛甲本作“诃”，乙本作“呵”。呵、诃通，义为大声斥责，大声发怒。《说文》：“呵，大言而怒也。”《玉篇》：“呵，责也，与诃同。”唯：顺从恭敬的应答之辞，义与“呵”相对。 ②原作善，据王弼注、傅奕本、帛本改。 ③原作“相去若何”，据王弼注、傅奕本、帛本改。④“人不可不畏”前，帛本有“亦”字。 ⑤马叙伦、高亨引罗运贤曰：“荒借为巟，……荒巟古通……《说文》：‘巟，水广也。（从川，亡声）’引申为凡大之称，……荒兮，广漠之貌。”荒，敦煌想尔注本、遂州碑本作“莽”，魏源《老子本义》亦说：“碑本作‘莽其未央。’”景龙碑本作“忙”。朱谦之说：“‘忙’与‘茫’同，实‘芒’字，‘芒’借为‘荒’，即今‘茫’字。……《淮南·俶真》‘其道芒芒昧昧然’，注：‘广大之皃（貌）。’……遂州碑作‘莽’，盖以草深曰莽，与‘忙’同有苍茫荒远之义。……‘忙’、‘莽’、‘荒’义相近。”央，《广雅·释诂》：“尽也。” ⑥熙熙：嬉笑欢乐、兴高采烈的样子。朱谦之说：“熙、嘻、嬉义同，此云‘众人熙熙’，亦即众人嘻嘻也。”这里，指的是争先恐后、趋利奔欲时的样子。河上公注：“熙熙，淫放多情欲也。”王弼注：“众人迷于美进，惑于荣利，欲进心竞。” ⑦享：供物祭祀，含享用、宴请之义。《释文》：“河上作‘飨’，用也。”帛本作“乡”。“乡”即“飨”，通“享”。祭祀所用的牺牲（供物）称“牢”；太牢为牛、羊、猪三牲，乃天子祭祀所用。 ⑧泊：淡泊，恬静。帛甲本亦作“泊”。河上本作“怕”。《说文》：“怕，无为也。”义通。 ⑨“咳”，通行本原作“孩”，兹据《释文》、帛本等改。咳：小儿笑。 ⑩儽儽：音 lěi（累）。疲倦的样子。 ⑪王弼注：“若无所宅。”⑫王弼注：“众人无不有怀有志盈溢胸，故曰皆有余也。我独廓然无为无欲，若遗失也。”奚侗《老子集解》说：“遗借作匮，不足之意。” ⑬察察：侦视细窥明察秋毫的样子。古汉语，凡双叠字，皆摹状词。 ⑭闷闷：木知木觉浑浑噩噩的样子。 ⑮澹：恬淡，淡泊，与上句“我独泊兮”之“泊”义同。澹兮：恬静深沉的样子。范应元说：“澹，水深也。澹兮，深不可测。”又，刘向《九叹》：“澹澹其若

渊。”源自此句，“澹澹”犹“澹兮”。 ⑯飂：音 liú（刘）。高风，长风。飂兮：形容无所束缚、形迹飘逸的样子。王弼注：“无所系执。” ⑰王弼注：“以，用也。”用：作为。《易·乾》：“潜龙勿用。”疑为 38 章下德“为之而有以为”的缩词。 ⑱“食母”：乳母，指生命的本源，即 1 章所谓“万物之母”、生养万物的道。王弼注：“食母，生之本也。”吴澄说：“‘食母’二字，见《礼记·内则》篇，即是乳母也。”劳健说：“‘食’音嗣，养也。‘母’谓本也。”这句意为回到生命的本源。

【译文】

唯唯诺诺与大声呵斥，
相差有多少？
美好与丑恶，
相差又在什么地方？
他人所害怕的，（我也）不可以不害怕。
（这里的道理）广阔苍茫呵，
它没有个尽头呢！
大伙儿欢天喜地、兴高采烈的，
好像享受着天子祭祀食品牛羊猪大菜，
好像春天里登上了眺望远景的高台。
我独自一人淡泊恬静的样子呵，
没有一点心动的行迹，
好像初生的婴儿还不会发笑。
我疲倦得无精打采的样子呵，
好像无家可归。
大伙儿都富余，
而我独自一人好像匮乏不足。
我可只是愚人的心肠呵，
混混沌沌的呢！
世俗的人都清醒精明，
我独自一人昏昏沉沉。
世俗的人都明察秋毫，
我独自一人浑浑噩噩。
淡泊恬静、深不可测呵，好像大海。
飘飘逸逸、无所束缚呵，好像永不停息。
大伙儿都想有所作为，

我独自一人冥顽得近似粗鄙。
我独自一人与众不同：
而只看重生养万物的“乳母”。

第二十一章　“虚心第二十一”

孔德之容[①]，
惟道是从。
道之为物，
惟恍惟惚[②]。
惚兮恍兮，
其中有象；
恍兮惚兮，
其中有物；
窈兮冥兮[③]，
其中有精[④]。
其精甚真，
其中有信[⑤]。
自古及今，
其名不去⑥，
以阅众甫[⑦]。
吾何以知众甫之状哉？
以此。

【注释】

①王弼注："孔，空也。"河上公注："孔，大也。"空原有大之义。《诗·小雅·白驹》："在彼空谷。"《毛传》："空，大也。"孔德，王弼注："以空为德。"此正是大德的实义。容：容貌，动，动作。　②恍惚：隐隐约约，似有似无，义即14章"惚恍"。王弼注："无形不系之叹。"不系，指不系于物。　③窈：音yǎo（咬）。深

远，昏暗，义同“幽”。傅奕本即作“幽”。冥：昏暗，幽深，模糊。王弼注：“窈冥，深远之叹。” ④精有多义。这里，顺上文“有象”、“有物”，当作至微，即最微小最微小的东西解。《庄子·秋水》：“夫精，小之微也。”小之微，即至微。后来的道家亦正以此喻道。《吕览·大乐》：“道也者，至精也。”高诱即以“微”注“精”。此“微”亦即14章“抟之不得曰微”之“微”。又，解作精力，亦通。严灵峰《老子章句新编》说：“‘精’就是Essence精力。”精力就是生命力。 ⑤王弼注：“信，信验也。” ⑥“自古及今”，傅奕本、范应元本、帛本作“自今及古”；郭店本内容只有今王弼本的五分之，无此章。马叙伦、高亨、蒋锡昌、朱谦之认为当作“自今及古”。其理由有二。一是古与去、甫韵。二是高亨所说：“今始有道之名”（《老子正诂》页53）；“道这个物，是古时就有。道这个名，是老子今天给的”（《老子马王堆汉墓帛书》页122）。其实均未必是。盖，今与真、精、冥通韵，可见其协韵的理由已不坚强。第二个理由则完全不能成立，非但理解上有偏执，更不合乎历史事实。自古及今云云，意谓道之名自古延续至今；自今及古云云，意谓道之名可由今天追溯到古代，二者在时间的意义上并无实质区别，都是讲道的恒久性，讲道的名千古常在，只是表明老子对道有一个历史向度的思考，并不含有“今始有道之名”的意思。老子主张“为而不有”（10、51章），以“自隐无名为务”（《史记·老子列传》），理论与实践、思想与行为一致，怎么可能自以为道这个名是他“给”出的呢？“是老子今天给的”云，于情于理于历史事实（参见“前言”）皆不合。又，《老子》书中，14章“执古之道，以御今之有”，“能知古始，是谓道纪”；62章“古之所以类此道者”，皆是支持“自古及今”句完全成立的内证。 ⑦众甫：众父。“甫”，帛本即作“父”。河上公注：“甫，始也。”42章注：“父，始也。”王弼注：“众甫，万物之始也。”

【译文】

大德之人的行动举止，
只是顺从着道。
道这个东西，
恍恍惚惚、无形无著啊！
恍恍惚惚呵，
这里面有形象；
恍恍惚惚呵，
这里面有东西；
深远昏暗呵，
这里面有精微的东西。

这精微的东西是非常真实的，
这里面有可信验的实在。
从古到今，
它的名字除不掉，
依靠它就能观察万物的开始。
我凭借什么知道万物开始的真情实况呢？
就凭这个道。

第二十二章 “益谦第二十二”

曲则[1]全，
枉[2]则直，
窪[3]则盈，
敝则新，
少则得，
多则惑。
是以圣人抱一为天下式[4]。
不自见[5]，故明；
不自是，故彰[6]；
不自伐，故有功；
不自矜，故长[7]。
夫惟不争，
故天下莫能与之争[8]。
古之所谓“曲则全”者，
岂虚言[9]哉！
诚全而归之[10]。

【注释】

①则：却，反而。以下五“则”字同。释为“才”、“方始”，亦通。 ②枉：屈，弯曲，不正直。 ③窪，通“洼”。帛本即作“洼”。 ④“抱一”，帛本作“执一”。“一”即“道”。“式”：法式，法度，典范，法则。 ⑤见：现，表现。自见犹今语自我作秀（show）。吴澄：“自见犹云自炫。”马一浮：“不自见，无我相。” ⑥彰：明，清楚。 ⑦长：永远，长久。或解作“成为众人的官长”，非是。盖本章

所讲，乃自全之道，不是为官之术。 ⑧《虞书·大禹谟》舜谓禹："汝惟不矜，天下莫与汝争能；汝惟不伐，天下莫与汝争功"。 ⑨虚言，帛乙本作"虚语"，意同。 ⑩归之：归根复命，归真返朴。亦即16章归根、复命，28章归朴。

【译文】

委曲反而能保全，
弯曲反而能伸直，
低洼反而能充满，
破旧反而能成新，
少取反而能得到，
多了反而犯迷惑。
所以，
圣人抱守着道来作为天下的典范。
不自我表现，
所以才心明眼亮；
不自以为是，
所以才头脑清楚；
不自我夸耀，
所以才成就功劳；
不自高自大，
所以才永远长久。
就是因为（圣人）与世无争，
所以天下才没有人能够与他相争。
古时人所说的"曲则全"的道理，
哪里会是空话头呢！
这样（曲）确实能保全，
从而返真归朴。

第二十三章 “虚无第二十三”

希言自然[①]。
故飘风不终朝，
骤雨不终日。
孰为此[②]者？
天地。
天地尚[③]不能久，
而况于人乎！
故从事[④]于道者[⑤]同于道，
德者同于德，
失者同于失[⑥]。
同于道者，
道亦乐得之；
同于德者，
德亦乐得之；
同于失者，
失亦乐得之。
信不足焉，有不信焉[⑦]。

【注释】

①姚鼐、高亨将此句移于上章末。高亨又谓“希当作常”。但“常言自然”，与“道可道非常道，名可名非常名”之旨、“不言之教”不合。故其说非是。“希言自然”与“多言数穷”（5章）正好相对应。《想尔注》：“自然、道也。”言有二义：一为言语；二为号令、政令、教令，如《国语·周语》所说“不祀则修言”之“言”。“希”

即14章“听之不闻，名曰希”之“希”。“希言”意同17章“贵言”，参见17章注⑤。故“希言”，一为不说话，二为不发号施令。前者是普遍的处世行事之原则；后者是特殊的施政之原则，为前者所涵。合而言之，即第2章“圣人处无为之事，行不言之教”。此句意为希言合乎自然，亦即合乎道。 ②此，指飘风、骤雨。③“尚”，王弼、河上、想尔本均作“尚”，景龙碑本作“上”。 ④从事：做事，投身。王弼注：“从事谓举动从事于道者也。” ⑤“道者”下原叠有“道者”两字，据王弼注、帛本及俞樾之说，乃衍文，而删。 ⑥失，指失道失德。高亨说：“‘失’当作‘天’，形近而讹。”亦通；此“天”即指为飘风骤雨的天。天为此飘风骤雨，即天之失道失德。 ⑦这两句重见于17章。帛本无此两句。这两句的意思，是说君主不合道的行为，就好像天之突然变脸，刮狂风、下骤雨一样，也是诚信不够的表现，因此不能获得百姓足够的支持，如同“飘风不终朝，骤雨不终日”一样，是不能持久的。

【译文】

不说话合乎自然。
所以狂风刮不了一个早晨，
暴雨下不了一整天。
谁干了这件事(飘风骤雨)呢?
是天地。
天地的飘风骤雨尚且不能持久，
何况是人呢!
所以投身于道的(举止行动)就与道相同，
投身于德的(举止行动)就与德相同，
投身于失的(举止行动)就与失相同。
与道相同的，
道也高兴得到他；
与德相同的，
德也高兴得到他；
与失相同的，
失也高兴得到他。
(君主)诚信不够嘞，
老百姓就不相信他了!

第二十四章 “苦恩第二十四”

企[①]者不立，
跨[②]者不行，
自见者不明，
自是者不彰，
自伐者无功，
自矜者不长。
其在道也，
曰“余食[③]赘行”。
物[④]或恶之，
故有道者不处。

【注释】

①唐僖宗广明元年(880)刻《道德经》残石本，“企者不立”上有“喘者不久”四字，为各本所无。马一浮谓此恐唐时俗本，未可迳据以增入也。企：提起脚跟、用脚尖站立，即踮足。河上公本作“跂”。“企”、“跂”通。 ②跨：大步迈越。马一浮说：“企者，跙有所移则不能止其所；跨者，足有所越则不能循其道。” ③《尔雅·释诂》：“食，伪也。”(《国语·周语》注同)“伪”通“为”。《广雅·释诂》：“伪，为也。” ④物：人，众人。《世说·方正》：“杜预少贱，好豪侠，不为物所许。”

【译文】

踮脚尖的立不稳，
迈大步的走不远，
自我表现的不聪明，
自以为是的头脑不清楚(有毛病)，

自我夸耀的不会成就功劳，
自高自大的不会永远长久。
这些表现，用道（的观点）来观察：
叫作“多余的动作、累赘的行为”，
众人尚且厌恶它，
所以有道的人不这样处世做事。

第二十五章　“象元第二十五”

有物[①]混成，
先天地生。
寂兮寥兮[②]，
独立不改，
周行而不殆[③]。
可以为天下[④]母。
吾不知其名，
字[⑤]之曰道，
强为之名曰大。
大曰[⑥]逝，
逝曰远，
远曰反。
故道大，天大，地大，王[⑦]亦大。
域中有四大，
而王[⑧]居其一焉。
人法地，
地法天，
天法道，
道法自然。

【注释】

①“物”，郭店简本作“状”。“物”，即21章“道之为物”之“物”；“状”，即14章“无状之状”，亦即“道”之“状”。所指为一，故仍从五本。　②河上公注：“寂

者,无音声;寥者,空无形。” ③殆:懈怠,困乏,疲倦。 ④“天下”,傅本、范本、帛本作“天地”,近人多据以改。马叙伦以为,“上谓‘先天地生’,则此当作‘为天地母’”。其实,据王弼注“生天地万物,故为天下母”及下文既说天地又说人,则作“天下”,未必误。郭店本正作“天下”。 ⑤“字”之前,傅奕本、刘师培、易顺鼎、蒋锡昌、朱谦之说,当有“强”字。按王弼注:“夫名以定形,字以称可。”此“名”与“字”之分别。此分别,牟先生说,即“名号”与“称谓”之别。“名号生乎形状,称谓出乎涉求”(王弼《老子微旨例略》)。称谓出乎主观,就无所谓“强”不“强”。名从客观的形状定,但道无形无状,故下曰“强为之名”。 ⑥此下三个“曰”字,杨柳桥《老子译话》依裴学海《古书虚字集释》,解作“则”或“乃”。 ⑦“王”,通行本原作“王”,帛本亦作“王”。傅本、范本则作“人”。两者都说得通,兹仍从王、帛本。又,方东美言:“王字在甲骨文、钟鼎文中的形象,就是代表一顶天立地的人,故又曰:“‘人亦大。’”(《方东美先生演讲集》页207)按:如《殷虚文字甲编》三三五八:;《殷虚佚存》九八〇:;《殷虚佚存》九八八:;《丁子尊》:。 ⑧同⑦。

【译文】

有一个东西混然成体,
在天地形成以前已经存在。
(它)没有声音又没有形体呵,
独立自在,不会更改,
循环运行而不会懈怠,
可以做生育天地的母亲。
我不知道它的名字,
把它称作“道”,
勉强给它起个名号叫作“大(无限广大)”。
“大(无限广大)”乃周行不止,
周行不止乃无穷遥远,
无穷遥远乃返回原始。
所以
道大,天大,地大,王也大。
宇宙当中有四种大的东西,
而王就占据其中之一。
人效法地,
地效法天,

天效法道，

道效法自己的样子(道即自然自己)。

第二十六章 “圣德第二十六”

重为轻根，
静为躁君。
是以圣人终日行，
不离辎重[①]。
虽有荣观[②]，
燕处超然。
奈何万乘之主，
而以身轻天下[③]？
轻则失根[④]，
躁则失君。

【注释】

①辎重：装载军用物资的车辆。《左传·宣公十二年》孔疏：“辎重，载物之车也。蔽前后以载物，谓之辎车；载物必重，谓之重车。” ②河上公注：“荣观谓宫阙。” ③“以身轻天下”即不能“致虚恒，守静笃”（16章）；而12章所指的追逐五色、五音、五味、畋猎、宝货者，亦皆属之。万乘之主而以身轻率躁动天下，犹今言做了国家领导还不知自重，还要出头闹事、出花头。 ④“根”原作“本”，依《永乐大典》王弼本改。

【译文】

稳重是轻率的根本，
宁静是躁动的主宰。
这就是所以圣人整天行路，
不离开满载给养的车辆。
虽然有荣华鲜丽的宫殿，

却仍闲居静处、超然物外。
为什么拥有万乘战车的大国君主，
反而要用一己之身轻率躁动天下呢？
轻率就会失去（生存的）根本，
躁动就会失去主宰（的地位）。

第二十七章 “巧用第二十七”

善行无辙迹[①]，
善言无瑕谪[②]，
善数不用筹策[③]，
善闭无关楗[④]而不可开，
善结无绳约[⑤]而不可解。
是以圣人常[⑥]善救人，
故无弃人；
常善救物，
故无弃物。
是谓袭明[⑦]。
故
善人者不善人之师，
不善人者善人之资[⑧]。
不贵其师，
不爱其资，
虽智大迷。
是谓要妙[⑨]。

【注释】

①辙：车轮的印迹。迹：痕迹。 ②瑕：玉上的斑痕，毛病，缺点，过失。谪，通“谪”。《释文》作“谪”，“谴责也”。无瑕谪，意与“无懈可击”相同。 ③筹策：古代计数用的竹具。 ④关楗：即关键，门栓或作门闩，关门的横木。想尔本作“关捷”。傅奕本作“关键”。帛甲本作“阐籥”，乙本作“关籥”。 ⑤绳约：绳

索。 ⑥“常”，帛本作“恒”，下一“常”字同。 ⑦袭明：重明，深明，非常明。《广雅·释诂》：“袭，重也。” ⑧资：取资，资助，意为借鉴之助。 ⑨要妙：精微玄妙。高亨说：“‘要’疑读为‘幽’，‘幽妙’犹言深妙也。‘要’‘幽’古通用。”

【译文】

善于行走的不会留下痕迹，
善于说话的挑不出可以指责的毛病，
善于计算的不使用筹码，
善于关门的不用门栓而门照样不能打开，
善于打结的不用绳索而结照样不能解开。
此所以圣人永远善于拯救人，
而没有被遗弃的人；
永远善于拯救物，
所以没有被遗弃的物。
这就叫作非常明。
所以
善良的人是不善良的人的老师，
不善良的人是善良的人的资养。
不尊重他的老师，
不爱惜他的资养，
虽然明智，其实是大昏迷。
这就叫做精微玄妙。

第二十八章 “反朴第二十八”

知其雄,守其雌[①],
为天下溪。
为天下溪,
常[②]德不离,
复归于婴儿。
知其白,
守其黑[③],
为天下式。
为天下式,
常德不忒,
复归于无极。
知其荣,
守其辱[④],
为天下谷。
为天下谷,
常德乃足,
复归于朴[⑤]。
朴散则为器[⑥];
圣人用之[⑦],
则为官长。
故
大制不割。

【注释】

①王先谦《庄子集解·天下篇》引宣颖注此两句说:“能而处于不能。” ②“常”,帛本作“恒”,下“常”字同。 ③自“守其黑”至“知其荣”六句,依易顺鼎、马叙伦、高亨之说,乃后人窜入之文。然帛书甲乙本有此六句。“知其白,守其黑”,意为内心光明行为洁白,却要以沉默昏暗自守而做到和光同尘。流传为成语“知白守黑”。 ④辱,高亨说:“乃黷字之意,黷者其行污黷也。”黷:音rù(入)。《玉篇》:“黷,垢黑也。” ⑤王弼注:“朴,真也。”《吕氏春秋·论人》:“复归于朴”高诱注:“朴,本也。” ⑥马一浮说:“无名曰朴,形成曰器。散者对全之称。合则是朴,散则是器。器因朴有,离朴无器。器则朴子,朴非器伦。”参见15章注⑧、37章注③。 ⑦之:指散落的朴。

【译文】

明知自己的刚雄(的一面),
却守住自己的柔雌(的一面),
(就可以)做天下的沟溪。
做天下的沟溪,
永恒的德就不会离失,
从而回归到初生婴儿的状态。
明知自己的洁白,
却守住自己的污黑,
(就可以)做天下的范式。
做天下的范式,
永恒的德就不会有偏差,
从而回归到无穷无极(的境界)。
明知自己的光荣,
却守住自己的耻辱,
做天下的深谷。
做天下的深谷,永恒的德就会充足,
从而回归到本始的真朴。
本始的真朴散落而成为器物;
圣人使用这些器物(散落的朴),
(散落的朴)就成了百行殊类的官长。
所以,
最大(完善理想)的制度是不割裂真朴。

第二十九章　“无为第二十九”

将欲取天下而为之①，
吾见其不得已②！
天下神器③，
不可为也，不可执也④。
为者败之，执者失之。
[是以圣人——
无为故无败；
无执故无失。]⑤
故⑥物——
或行或随，或嘘或吹，
或强或羸⑦，或载或隳⑧。
是以圣人去甚，
去奢，
去泰⑨。

【注释】

①傅本“之”下有“者”字。取：治，治理。义同48章“取天下常以无事”之取。为：38章“有以为”之“为”。魏源说：“为，作为也。……强欲其成。”亦即38章下德“为之而有以为”之为。　②可有二解：一是苏辙《老子解》所言：“不可得矣。”二是如平常的字面解：无可奈何，不得不如此。兹从一。　③天下重器、天下大器。《史记·伯夷列传》“示天下重器”，《索隐》：“言天下者是王者之重器”，故《庄子》云‘天下大器’是也。则大器亦重器也。参见36章注⑧。④此句通行本原无，据王弼注及易顺鼎、刘师培、马叙伦说增补。执：把持不肯释

手。 ⑤这两句原为64章文，依马叙伦说移此。 ⑥“故”，河上本同，景龙碑本作“夫”。想尔本亦作“夫”。夫：句首助词，起提示作用。亦可。傅奕本作“凡”。帛乙本缺字。 ⑦羸：音 léi(累)。瘦弱。 ⑧“载”，王弼本原作“挫”，河上公本作“载”。依俞樾说，作“载”是。河上公注：“载，安也。隳，危也。”高亨说：“载与乘同义，隳与坠同义。”隳：音 huī(灰)。 ⑨甚：厉害，过分。奢：奢侈。泰：不俭约，通“忲”。忲：奢侈，放纵。三个字，都有过度、极度之意。吴澄注：“甚也，奢也，泰也，极盛之时也。”老子之意，圣人之治天下，一切过度、极度的做法与东西(过度、极度地运用权力，过度、极度地发展经济，过度、极度地消费)，皆须绝对地去除。连着“天下神器不可为”云云而言，尤其是反对过度、极度地运用权力，故老子有反对极权的政治思想。

【译文】

要想治理天下而有所作为，
我看他是不会得到什么的，
“天下”这个神圣的器物，
是不能拿来硬做的，
是不能把持的。
拿来硬做的一定会败坏它，
把持它一定会失掉它。
[因此圣人——
无所作为，所以不会败坏天下
不去把持，所以不会失掉天下]
所以事物
有的前行，有的后随；
有的缓嘘，有的急吹；
有的强壮，有的瘦弱；
有的安稳，有的坠危。
因此圣人——
去掉过分，
去掉奢侈，
去掉放纵。

第三十章　“俭武第三十”

以道佐人主者[①]，
不以兵强天下[②]。
其事好还[③]：
师之所处，荆棘生焉；
大军之后，必有凶年。
善有果而已[④]，
不敢[⑤]以取强。
果而勿矜，
果而勿伐，
果而勿骄，
果而不得已，
果而勿强。
物壮[⑥]则老，
是谓不道。
不道早已[⑦]。

【注释】

①马一浮说：“即前文（28章）所谓官长。”　②郭店本作“不欲以兵强天下”。以：凭借，依靠。　③还：还报，报应。蒋锡昌说：“此谓用兵之事，必有不良之还报。”　④果：效果，战果，成功。《左传·宣公二年》：“杀敌为果。”《尔雅·释诂》：“果，胜也。”王弼注：“果犹济也。”济：成功。高亨说：“果而已犹云胜而止也。”　⑤俞樾说：“敢字衍文。”　⑥王弼注：“壮，武力暴兴。喻以兵强于天下者也。”　⑦已：止，完，结束。朱谦之疑古本作“亡”。“已”、“亡”通。本章言道在兵事中之用，其实乃以兵喻道。

【译文】

用道辅佐君主的人，

不依靠兵力来逞强于天下。

用兵逞强这件事很快会得到报应：

军队所到的地方，

　一定是荆棘丛生；

大战以后，

　一定会出现荒年。

善于用兵的，一战胜就结束了，

不敢用兵力来逞强。

战胜而不矜恃，

战胜而不夸耀，

战胜而不骄傲，

战胜只是出于不得已，

战胜而不称强大。

事物暴兴壮盛，

就会走向衰老，

这叫作“不合道”。

“不合道”的就会提早灭亡。

第三十一章* “偃武第三十一”

* 易顺鼎说:“此章语颇冗复,疑有古注误入正文。”王弼本独此章无注,故晁说之《跋王弼注本》据之而谓此全章非老子之言。王应麟《困学纪闻》引晁氏之言而无辩,实从之。马一浮亦从之。但帛甲本有此章全文,仅文字稍异,如“恬淡”作“铦袭”,稍脱“胜而不美”而作“勿美也”,接此“而美之者”作“若美之”等。帛乙本亦有此章之言,字更少些。傅奕本亦有此章。晁氏之言无校勘学根据,恐难免推测之嫌。故不从。

夫兵者[①],不祥之器。
物或恶之,
故有道者不处。
是以[②]君子居则贵左,
用兵则贵右。
故曰[③]兵者不祥之器,
非君子之器,
不得已而用之,
恬淡为上。
胜而不美;
而美之者,
是乐杀人。
夫乐杀人者,
则不可得志于天下矣。
故[④]

吉事尚左，
凶事尚右。
偏将军居左，
上将军居右，
言[5]以丧礼处之。
杀人之众，
以哀悲泣之[6]；
战胜以丧礼处之。

【注释】

①“兵”之前，通行本原有“佳”字，现据帛本删。 ②“是以”，原无，据傅奕本补。 ③“故曰”，原无，据郭店本补。 ④“故”，原无，据郭店本补。 ⑤高亨说：“言疑当作立，形近而讹。立古以为位字。”意偏将军、上将军的站位安排，以丧礼来处理，亦通。 ⑥郭店本作“杀人众，则以哀悲莅之”。莅：莅临，参加。高亨、朱谦之引罗运贤说：“‘泣’当为‘涖’之讹。”“涖”即“莅”。

【译文】

兵器这东西，是不吉祥的器物。
谁都厌恶它，
所以有道的人不据有它。
因此君子平时起居就以左位为尊贵，
行军作战就以右位为尊贵。
所以说兵器这东西是不吉祥的器物，
不是君子的器物，
不得已才使用它，
以淡泊漠然无为不用为上等。
战胜了也不美孜孜；
如果是美孜孜的，
就是喜欢杀人。
凡喜欢杀人的，
那是不可能在天下得志的。
所以
吉庆事崇尚左位，
凶丧事崇尚右位。

偏将军列左位，
上将军列右位，
这是说用凶丧的礼仪来处理行军作战。
杀的人多了，
就要怀着哀伤悲痛的心情去参与；
战胜了就用凶丧的礼仪来处理。

第三十二章 “圣德第三十二”

道常无名①，
朴虽小②，
天下莫能臣也③。
侯王若④能守之，
万物将自宾。
天地相合，
以降甘露，
民莫之令而自均⑤。
始制有名⑥。
名亦既有，
夫亦将知止，
知止可以不殆⑦。
譬道之在天下，
犹川谷之于江海。

【注释】

①“常”，帛本、郭店本作“恒”。王弼注：“以无名为常。” ②郭店本作“朴虽细”。以上两句有四种句读法。其一即此王弼本，文物出版社帛本作“道恒无名，朴唯（虽）小而天下弗敢臣”。大体相同。其二如傅奕本：“道常，无名，朴虽小。”其三如胡适、高亨等：“道常无名朴，虽小。”其四如杨兴顺：“道，常，无名。朴虽小。”其实，四种句读，语意之轻重虽稍有异，但于《老子》的义旨，并没有本质上的出入。故录此以供参考。朴，指“道”。参见15章注⑦、37章注③。小：细小，微小。意为至小。 ③郭店本作“天地弗敢臣”。“天地”可有三义：其一，天与地；其二，泛指万物（包括天地）；其三，天下。《文选》张衡《南都赋》：“方今天地之

雎刺。"注:"天地,犹天下也。"俱通。唯"天下"又含人间世之义,与本章内容更契合,且与"道之在天下"的"天下"相应。此亦可见郭店本未必皆优于王弼本。故仍王本不改。"莫能臣",是"万物之宗"(4章)翻过来的消极说明。故马一浮注:"天上地下,惟我独尊,义亦同此。""惟我独尊"即谓"惟道独尊"。 ④"若",郭店本作"如",义同。 ⑤"均"之下,郭店本有"安"。均与名、臣、宾协韵(十一真、八庚通韵),"安"(十四寒)则不合。均:平。平:舒,和,徐缓。(《说文》、《经籍纂诂》)故原亦有安之义,《淮南子·原道训》:"舒安以定。"且这句"自均安"尾式,与上句"自宾"尾式不一致,正好多一个"安"字。疑此"安"字乃注语误入正文。 ⑥即28章所说的"朴散为器"。始:万物之始,意即(朴散而)有了万物。制:兴作。有名,指万物之名、器之名,而非"道"之名。"道常无名"。"道"之为"名",只是称谓,而"非常名"、非"定名"(参见1章注②)。高亨所说:"始为道制名,道乃有名。"非是。 ⑦殆:危险。

【译文】

"道"永远没有名号,
真朴的"道"虽然幽微细小,
天下没有谁能够臣服它。
侯王如果能遵守它,
万物将会自来归从。
天地互相配合,
因此降下甘美的雨露,
老百姓不须要谁给他下命令,自己就会均平。
万物兴作方始产生种种名字。
名字既已产生,
也要知道它的限度。
知道了名字的限度就可以避免危险。
譬如"道"的存有在天下,
好像河川谷水流到江海一样。

第三十三章 “辩德第三十三”

知人者智，
自知者明[①]。
胜人者有力，
自胜者强。
知足者富。
强行者有志[②]。
不失其所者久。
死而不亡[③]者寿[④]。

【注释】

①王弼注:“自知者,超智以上也。” ②王弼注:“勤能行之,其志必获。” ③“亡”,帛乙本作“忘”。易顺鼎说:“《意林》‘亡’作‘妄’。死而不妄,谓得正而毙者也。”“亡”、“妄”古通用。王弼注:“身没而道犹存。”高亨说:“‘死而不亡’,犹云‘死而不朽也’。”高亨说是。“死而不朽”实古语(观念),《史记·樗里子甘茂列传》秦武王谓甘茂曰:“寡人死不朽矣。” ④河上公注:“无怨恶于天下,故云寿。”

【译文】

了解别人的是机智，
了解自己的才是高明。
战胜别人的是有力量，
战胜自己的才是强大。
知足的就是富有。
顽强行动的就是有意志。
不失掉自己立身根基的就能永远长久。
身死而精神不死(德存)的就是永生长寿。

第三十四章 “任成第三十四”

大道氾[1]兮，
其可左右[2]。
万物恃之以[3]生而不辞，
功成而不有[4]。
衣养[5]万物而不为主，
常无欲[6]，
可名于“小”；
万物归焉而不为主，
可名为“大”。
以其终不自为大[7]，
故能成其大。

【注释】

①《说文》:“氾,滥也。” ②此二句,王弼注:“言道泛滥,无所不适。可左右上下,周旋而用,则无所不至也。” ③“以”,原作“而”,依傅奕本等改。辞:说,讼,说事的言词(《荀子·正名》杨注)。不辞:即“不言”之教的“不言”及孔子“天无言哉”的“无言”。 ④原作“功成不名有”,依易顺鼎而改。傅奕本作“功成而不居”。 ⑤河上、景龙碑本等皆作“爱养”。傅奕本作“衣被”。朱谦之说:“衣被,衣养,依养,与爱养同义,而爱养义尤胜。”余臆:衣有覆之义,《仪礼·士丧礼》注:“衣尸者,覆之,若得魂反之。”范应元亦说:“衣被犹覆盖也。”而道之覆则有无所不盖的普世义,如说衣被天下,即言天下无所不为其覆盖。可见“衣养”、“衣被”义并不逊于“爱养”。 ⑥帛本作“则恒无欲也”。 ⑦此句句首之前,河上、景龙碑本有“是以圣人”四字,傅奕本有“是以圣人能成其大也”一句,帛本亦有“是以耶(圣)人之能成大也”一句。但本章乃言道体广大,无往不

在,无所不覆;不言圣人之德,故以王本为是。

【译文】

大道漫流广泛呵,

它能流到左,能流到右,无所不到。

万物依靠它生长而它却不说话,

功劳成就而不自以为有功。

没有遗漏地养育万物而不作万物的主宰,

它永远没有欲望,

可以叫作“小”;

万物归从它呵而不作万物的主宰,

可以叫作“大”。

因为它终究不自以为伟大,

所以能成就了它的伟大。

第三十五章 “仁德第三十五”

执大象，
天下往[①]。
往而不害，
安平太[②]。
乐与饵，
过客止。
道之出言[③]，淡乎其无味。
视之不可见，
听之不可闻，
用之不可[④]既。

【注释】

①大象：无象之象，即14章所谓“无物之象”、41章所谓“大象无形”。指“道”。河上公注：“象，道也。”奚侗《老子集解》：“大象，道也。道本无象，犹云大象。”陶鸿庆《读诸子札记》卷一《老子》：“象而形者非大象。”成玄英《道德经开题序决义疏》：“大象，犹云大道之法象。”往：归。《想尔注》：“天下归往。” ②太，通“泰”。此句犹成语国泰民安。 ③“言”，原作“口”，帛本、傅奕本及23章王弼注引皆作“言”。疑“言”字缺坏而成“口”。故改。 ④三句三个“可”字，通行本原作“足”，依马叙伦、高亨说改。帛本第三句作“用之不可既也”。第三句，王弼注：“用之不可穷极也。”

【译文】

执持了大道法象，
天下来归；
来归而不受伤害，

安全、太平、康泰。

音乐与美食，

(会诱惑)过路人就此停住脚步。

大道理一说出口，却是淡而又淡毫无味道。

看它看不见，

听它听不到，

用它却是用不完。

第三十六章 “微明第三十六”

将欲歙①之，
必固②张之；
将欲弱之，
必固强之；
将欲废之，
必固兴③之；
将欲夺④之，
必固与之⑤。
是谓微明⑥。
柔弱胜刚强⑦。
鱼不可脱于渊，
国之利器⑧不可以示人。

【注释】

①歙：音 xī（希）。收敛，聚合，收缩。 ②“固”读为姑且之“姑”，景龙碑本即作“姑”。下同。 ③高亨说：“兴当作举，形近而讹，古书常废举对言。”“兴”、“举”义原相通，不必拘。 ④“夺”，《韩非子·喻老》、《史记索隐》引及范应元、彭耜本作“取”，傅奕本、景龙碑本、想尔本及帛本亦作“夺”。 ⑤以上三十二字，其实亦古有此等语。王应麟《困学纪闻》卷二《书》引《战国策》任章引《周书》曰：“将欲败之，必姑辅之；将欲取之，必姑与之。”意同。老子仕周，久任守藏室史（柱下史、征藏史），当今国家图书馆馆长、国家档案馆馆长，凡国家档案图书与四方书皆能见。朱子曰：“老子为柱下史，故见此书。”此三十二字，或老子见《周书》所曰而推衍其意，亦未可知。又，这三十二字应首先是老子对歙与张、弱与强、废与兴、夺（取）与给予关系的辩证思考，认为社会人事的发展有其吉凶祸

福倚伏的变化之几(机):已经发生的张、强、兴、给予,是将要发生的歙、弱、废、夺取之先兆、征兆;将要发生的歙、弱、废、夺取,虽然隐蔽、幽微难见,其实已从已经发生的张、强、兴、给与中透露出消息。其次是处世行事的谋略。韩非即视之为外交的谋略,认为晋献公预谋袭击虞国,先送宝玉璧马给其国君;智伯将要袭击仇由,就先送大东给仇由国君,即是运用老子“将欲取之,必固与之”的成功范例。(《喻老》)故历来视之为阴谋术。但《史记·陈丞相世家》少好黄帝、老子之术的陈平说:“我多阴谋,是道家之所禁。”则在老子本人,原只是对宇宙人生复杂变化、转化之几的洞察及其客观描述,并非在提倡一种阴谋术,尽管这三十二字已经倚伏着导引出阴谋术或谋略的可能性。难怪马一浮先生说《老子》是个纯客观、大客观的哲学,而道家之流失亦以老子为最高。又说:“道家体大,观变最。得于《易》为多而流为阴谋,其失亦多”。 ⑥微明:洞察幽微难见的萌兆之明。这里所指萌兆,即上述歙与张、弱与强、废与兴、夺(取)与与之间互伏互萌的征兆。此征兆极深而微,而行事能欲歙固张、欲弱固强、欲废固兴、欲夺(取)固与者,自然是洞察其几者。 ⑦景龙碑本作“柔胜刚,弱胜强”。傅奕本作“柔之胜刚,弱之胜强”。都与78章“弱之胜强,柔之胜刚”相同。 ⑧王弼注:“利器,利国之器也。”蒋锡昌根据《庄子·胠箧》、《韩非子·喻老》、《淮南子·道应训》、《后汉书·翟酺传》,解作“赏罚”和“威权”。杨柳桥从之。即今语统治权力、国家机器、权力机器。参见29章注③。

【译文】

将要收缩它,
必须先张大它;
将要削弱它,
必须先增强它;
将要废除它,
必须先兴盛它(举起它);
将要夺取它,
必须先送给它。
这就叫作洞察幽微征兆的“微明”。
柔弱能够胜过刚强。
鱼儿不能离开深渊,
国家的权柄不可以展示给他人。

第三十七章　“为政第三十七”

道常无为而①无不为。

侯王若能守之，

万物将自化。

化而欲作②，

吾将镇之以无名之朴③。

[镇之以]④无名之朴，

夫亦将无欲。

不⑤欲以静，

天下将自定⑥。

【注释】

①帛本作“道恒无名”。高亨说：“常犹固也。”杨柳桥此四字句读为：“‘道’，常，无为，”俱通。　②王弼注：“作，欲成也。”《说文》：“作，起也。”《尔雅·释言》：“作，为也。”　③王弼注：“(使欲)不为主也。”河上公注：“无名之朴，道也。”此句意即3章“常使民无知无欲。”参见15章注⑧、28章注④。　④这三字，通行本原无，据高亨说及帛本补。　⑤“不”，想尔本作“无”。　⑥“定”，帛本作“正”，亦通。

【译文】

道永远无所作为而没有一件事不是它所为。

侯王们如果能守住它，

万物将会自己化成。

化的过程中如果欲望产生，

我就用没有名字的真朴来抑制它们。

用没有名字的真朴来抑制它们，

也就兴不起欲望了。

兴不起欲望可以安静，

天下也就自然而然地安定下来。

下　　篇

第三十八章　“论德第三十八”

上德不德[①]，
是以有德。
下德不失德[②]，
是以无德。
上德无为而无以[③]为。
下德为之而有以为。
上仁为之而无以为。
上义为之而有以为。
上礼为之而莫之应，
则攘臂而扔之[④]。
故
失道而后德，
失德而后仁，
失仁而后义，
失义而后礼。
夫礼者，忠信之薄[⑤]而乱之首。
前识者[⑥]，道之华[⑦]，而愚之始。
是以大丈夫处其厚[⑧]，不居其薄；
处其实，不居其华。
故去彼取此。

【注释】

①德：老子五千言的另一中心观念。宇宙万有、万类的本性。分言之：(1)

道的本性，亦可说是道的用（高亨《老子通说·老子所谓德》）。道的本性即玄德，见10、51、65章。(2) 天地万物与人得于道、根源于道的内在本性，第6章王弼注："德者，得也。常得而无丧，利而无害，故以德为名焉……何以为德，由乎道也。"51章王弼注："道者，物之所由也。德者，物之所得也。"德与道的本质为一。下篇即《德经》论德，要者，乃从主体上立论。不德：没有预先有作意的德，无意识的德，无表现的德，无执著的德，无心的德，亦即"因循自然"的德。河上公注："因循自然……其德不见。"王弼注："上德之人，唯道是用。不德其德，无执无用……故虽有德而无德名也。" ②不失德：义与"不德"相反，执德之名而不离失，行善前先执有一行善的存心、念头、意识而不离失。林希逸《老子口义》："不失德者，执而未化也。"不失德之德，犹俗语所谓"有心为善不为善"之善，故只是"下德"。 ③"以"，高亨据傅本及《韩非子·解老》引，认为古本当作"不"。朱谦之说："碑本作'无以为'，是也。……'上德无为而无以为'，较之'上德无为而无不为'，于义为优。"帛书甲、乙本均作"以"。林希逸注："'以'者，有心也。'无以为'是无心而为之也。" ④攘：音 rǎng（嚷）。捋，撩。攘臂：捋起袖子，伸出胳膊。扔：牵拉。 ⑤薄：薄弱，减少，轻薄，与厚之义相对。 ⑥前识者：有先见的人，预言家，先知。王弼注："前识者，前人而识也。即下德之伦也。"范应元说："前识犹言先见也。"或说是自以为知的先知，河上公注："不知而言知为前识。"《韩非子·解老》："前识者，无缘而妄臆度也。"合而观之，可知《老子》之意，前识者只知执著名言概念而不明实际真实，故是"道之华，而愚之始"。⑦华：浮华，华而不实。 ⑧河上公注："处其厚者，处身于敦朴。"

【译文】

上德的人没有"德"（的概念与表现），

因此真有德。

下德的人不离失（即执著）"德"（的概念与表现），

因此并不真有德。

上德的人无所作为而且是无心作为。

下德的人有所作为而且是有心作为。

上仁的人有所作为然而是无心作为。

上义的人有所作为而且是有心作为。

上礼的人有所作为然而没有人响应他，

他就捋袖伸臂强拉人家（来循礼）。

所以失去道以后有德，

失去德以后有仁，

失去仁以后有义，
失去义以后有礼。
礼这个东西啊，是忠信的薄弱，
　而且是祸乱的开头。
所谓先知，不过是道的浮华，
　而且还是愚昧的开始。
因此大丈夫立身淳厚而不身居轻薄，
立身朴实而不身居浮华。
所以舍弃那个轻薄浮华采取这个淳厚朴实。

第三十九章 “法本第三十九”

昔之得一者[①]：
天得一以清，
地得一以宁，
神得一以灵，
谷得一以盈，
万物得一以生[②]，
侯王得一以为天下贞[③]。
其致之[④]：
天无以清，将恐裂；
地无以宁，将恐发[⑤]；
神无以灵，将恐歇；
谷无以盈，将恐竭；
万物无以生，将恐灭，
侯王无以贞[⑥]，将恐蹶。
故贵以贱为本，
高以下为基。
是以侯王自谓孤、寡、不穀[⑦]。
此非以贱为本邪？
非乎？
故致数誉无誉[⑧]。
是故不欲琭琭如玉，
珞珞如石[⑨]。

【注释】

①“一”,指“道”。道的本体混然为一,故“一”为“道”的别称。此别称之意义在强调道的整体性、绝对性。 ②生,生存,存在,生长。 ③“贞”,河上、景龙碑本等及帛本作“正”。“贞”、“正”古通用。《尔雅》:“正,长也。”《广雅》:“正,君也。”《吕氏春秋·君守》高注:“正,主也。” ④其,指上述“得一”的原理。 ⑤刘师培说:“‘发’读为‘废’。……恐发者犹言将崩圮也。即地倾之义。” ⑥“贞”,通行本原作“贵高”,依易顺鼎、刘师培说改。马叙伦参校各本作“正”。 ⑦毂:善。(《尔雅释诂》、《礼记·曲礼》郑注) ⑧“誉”,原作“舆”,《释文》作“誉”,据以改。“致数誉无誉”,吴澄本及《庄子·至乐》引,作“至誉无誉”,即最高的称誉是没有称誉,与17章“太上,不知有之”意义相通。高亨以为:“数字衍,当删。致读为至。”但“致数誉无誉”,义亦通。又,帛本作“致数舆无舆”。此见,一则“数”未必衍。二则,作“舆”亦有据。意为拥很多辆车子等于没有车子,虽然讲实了,其义亦可取,而与80章相通。 ⑨“是故”二字,通行本原无,据帛本补。琭琭:玉色貌。珞珞:坚硬貌。高亨说:“琭琭,玉美貌。珞珞,石恶貌……《后汉书·冯衍传》:‘不碌碌如玉,落落如石。’李注:‘玉貌碌碌,为人所贵。石形落落,为人所贱。’其训近之矣。”“落落”即“珞珞”,景龙碑本、敦煌本即作“落落如石”。“琭琭如玉”与“珞珞如石”二句之间,义当有转折。

【译文】

古时得到了“一”(道)的:
天得到“一”而清明,
地得到“一”而安宁,
神得到“一”而灵验,
深谷得到“一”而充满,
万物得到“一”而生长,
侯王得到“一”而成为天下的首领。
由这个得一的道理可以推知下面的情形:
天不能守“一”来保持清明,
　恐怕要破裂;
地不能守“一”来保持安宁,
　恐怕要塌陷;
神不能守“一”来保持灵验,
　恐怕要消失;
深谷不能守“一”来保持充满,

　恐怕要涸竭；
万物不能守“一”来保持生长，
　恐怕要灭绝；
侯王不能守“一”来保持首领的地位，
　恐怕要垮台。
所以尊贵以卑贱为根本，
崇高以低下为基础。
因此侯王自称是孤家、寡人、不善人，
这不就是拿卑贱作根本吗？
难道不是吗？
所以追求很多的荣誉就没有荣誉。
这就是所以不要像色彩艳丽的美玉，
　（宁愿）像坚硬结实的石头。

第四十章* “去用第四十”

* 此章纯说道体,何以置入《德经》?

反①者道之动。

弱者道之用。

天下万物②生于有,

有生于无。

【注释】

①反:往复,旋转,循环。即25章“曰逝曰远曰反”的“反”。(王念孙、魏源、高亨) ②敦煌本作“天地万物”。

【译文】

往复循环是道的运动。

柔弱不争是道的作用。

天下万物都从万物之母的“有”中出生。

万物之母的“有”则从天地之始的“无”中出生。

第四十一章 “同异第四十一”

上士闻道，勤而行之；
中士闻道，若存若亡[①]；
下士闻道，大笑之；
不笑不足以为道。
故《建言》有之：
“明道若昧[②]，
进道若退，
夷道若纇[③]；
上德若谷，
广德若不足[④]，
建德若偷[⑤]，
质德若渝[⑥]；
大白若辱[⑦]，
大方无隅[⑧]，
大器晚成，
大音希声[⑨]，
大象无形。”
道隐无名。
夫唯道，
善贷且成。

【注释】

①存：存有；存念。若：好像，仿佛，似乎；或。亡：没有，无；或通“忘”。此句直

译为:感到道似有似无,或:似乎存念似乎遗忘;似、似乎也可代入“有时”。俱通,其意都是似信非信,时信时疑,将信将疑。不必拘。 ②昧:幽远昏暗。 ③纇:音 lèi(类)。不平。河上本作類(类)。朱谦之说:類、纇古通用。 ④“广德”,《庄子·寓言》引作“盛德”。王弼注:“广德不盈,廓然无形,不可满也。” ⑤建,通“健”。此句,俞樾说:“言刚健之德,反若偷惰也。”高亨说:“偷借为媮为愞。《说文》:‘媮,弱也。愞,驽弱也。’建德者偷,犹言强德若弱也。偷与媮、愞古通用。”亦通。译文依高亨说。若依俞樾说,则译文为:自强不息的德行好像偷懒。 ⑥“德”,通行本原作“真”,依刘师培、高亨说改。《说文》:“渝,变污也。” ⑦此句原在“上德若谷”句下,依高亨说移此。“辱”,通“黷”,黑垢。见28章注③。 ⑧隅:音 yú(余)。角,边。 ⑨“希”之字义即14章“听之不闻曰希”的“希”。希声即无声。

【译文】

上品的士(知识分子)听到了道,
　就勤快地实践它;
中品的士听到了道,
　认为它似有似无;
下品的士听到了道,
　大笑了之;
(其实)不被下士所笑就算不上是什么道。
所以古代《建言》一书有这样的话:
“光明的道路好像昏暗,
前进的道路好像后退,
平坦的道路好像坎坷不平;
最高的德行好像空谷,
广大的德行好像不充足,
刚健的德行好像柔弱,
质实纯朴的德行好像污秽混浊;
最洁白的好像垢黑龌龊,
最方正的没有棱角,
最大的器皿最后完成,
最大的音乐没有响声,
伟大的法象没有形状。”
道幽隐无形而没有名字。

然而只有道，
善于资助万物而成就万物。

第四十二章　“道化第四十二”

道生一①，
一生二②，
二生三③；
三生万物④。
万物负阴而抱阳，
冲气以为和⑤。
人之所恶，唯孤、寡、不穀，
而王公以为称。
故物，
或损之而益，
或益之而损。
人之所教，
我亦教之：
强梁者不得其死⑥，
吾将以为教父⑦。

【注释】

①“一”及以下“二”、“三”，它的确解当以1章为据；惟古今注家纷纭，都未能全扣住或背离1章。兹说“一”。《庄子·天下》述老聃之术，概括为“主之以太一”。此以“太一”释“一”，不悖《老子》义旨。此外，蔚蔚大宗，皆以“气”、“元气”释“一”。余臆，以气释“一”，亦即以气释“道”，全错了。此“一”是无偶的纯一，整全的一，绝对的一，哲学意义的，不是数学意义的数词。此“一”，即39章“得一”之“一”，即道本身。焦竑《老子翼》引吕吉甫说“道之在天下，莫与之偶者，则一而已矣。故曰‘道生一’”。“生”又涵二义，一是产生、生出，此乃虚说。二是生

存、存有、存在，即相当于 being。此句意为道自身的存有状态是整体大全的一。道自身即道之在自己，亦即 1 章的“无”、4 章的“冲”。 ②“二”，各家或释为阴阳，或释为天地，非也。余臆，这里，“一”指“无”，亦即 1 章“天地之始”的“始”；“二”指“有”，即“万物之母”的“母”。“有”、“无”并合而为二。“一生二”，即 40 章“有生于无”。前者为顺说，后者为逆说。 ③“三”，历来，或解释为“天、地、人”，但多略而无释。余臆，实指 1 章“同谓之玄”的“玄”。道之为一，是有、无混同为一的“一”；“同谓之玄”。有、无、玄并合而为三，故说“二生三”。此三句是《老子》对道的本体论的超越的分解，其实是一而三，三而一。道，无名无形，冲虚空灵，故不能以气实之。道又是浑然整全的一。故道之一，不能以气实之；道之“无”性不是气之阴，“有”性不是气之阳。以气释“一”，即以气释道。以气来理解和诠释道，恐怕是齐人和汉人的思想。尽管中国古代思想中的“气”，有形气、生气、精气、灵气诸多义涵，与物质的概念犹有不同，唯气论也不等于唯物论，但以气释道终究与《老子》的道论不相应，将老子冲虚空灵的玄智质实化了。近人多以为如此是对《老子》的高度评价，其实是看低了《老子》。 ④“无、有、玄”即“道”生万物。此四句展示道是如何生成万物的，说的是生成之理、实现之理。⑤负：背。这二句说的是万物形构之理。意为万物以阴阳二气为构成；二气相互依存、相互激荡而和合，而成万物。 ⑥强梁：不守一切规矩，尚势任力，横行霸道。此句乃古诫语，见《说苑》卷十《敬慎》引。即上所说“人之所教”者。⑦傅奕本、范应元本作“学父”。河上公注：“父，始也。”

【译文】

“道”生出“一”（无），
“一”生出“二”（无十有），
“二”生出“三”（无十有十玄）；
“三”生出万物。
万物背负阴又面抱阳，
阴阳二气相互涌摇激荡而成和合。
人所厌恶的，
独独就是“孤家”、“寡人”和“不善”，
可王公们却偏偏要用这些名词来自称。
所以，一切事物
有时损减它而它反而增加，
有时增加它而它反而减损。
别人怎样教我的，

我也照样教给别人：
强横的人不得好死，
我要拿这道理作为首要教训。

第四十三章* “遍用第四十三”

* 此章论道无处不在，并可用于任何地方，如河上公所题“遍用”者。由四十、四十三章，吾人疑“道”、“德”之分经必后起事。

天下之至柔，
驰骋[①]天下之至坚。
无有入无间[②]。
吾是以知无为之有益。
不言之教，无为之益。
天下希及之。

【注释】

①驰骋：自由放纵地奔跑。这里意为任意驾御，控制自如。　②《淮南子·原道训》引老聃之言，作“出于无有，入于无间”。间：空隙，缝隙。“无有”，指道。

【译文】

天下最柔软的东西，
能够纵横奔驰在天下最坚硬的东西之际。
没有形体的东西
　能够渗透进没有空隙的东西。
我因此明白了没有作为的确有好处。
不说话的教化，没有作为的好处，
天下很少有人能达得到。

第四十四章　“立戒第四十四”

名与身孰亲?

身与货孰多[①]?

得与亡孰病[②]?

[是故][③]甚爱必大费,

多藏必厚亡。

故[④]

知足不辱[⑤],

知止不殆。

可以长久[⑥]。

【注释】

①多:贵重,重要。　②得,指获得上述名、货。“亡”,指丧失上述身。王弼注:“得多利而亡其身,何者为病也。”　③“是故”二字,通行本原有,帛书甲本无。由上下文,当依帛本删。　④“故”字通行本无,据帛书甲本补。　⑤此句亦流传为成语,意即出本章。　⑥高亨说:“可以长久四字,似后人注语。”

【译文】

名誉与生命,哪一样亲切?

生命与财物,哪一样贵重?

获得名利与丧失生命,哪一样是伤害?

过分的爱惜(名誉)

　一定会有巨大的耗费,

丰富的收藏(财物)

　一定会招来沉重的损失。

所以

知道满足就不会遭受侮辱，

知道适可而止就不会招来危险。

(这样)就可以长生久安。

第四十五章 “洪德第四十五”

大成若缺①,其用不弊。

大盈若冲,其用不穷。

大直若屈。

大巧若拙。

大辩若讷②。

静胜躁③,

寒胜热。

清静为天下正④。

【注释】

①“成”,郭店本作“盛”。《释名·释言语》:“成,盛也。”《说文》:“缺,器破也。” ②讷:音 nè(那)。说话迟钝。 ③“静胜躁”,各本作“躁胜寒”,据蒋锡昌说而改。躁:烦躁,扰动,骚动,不安分。 ④正:长,君,主。见39章注③。

【译文】

最完善的(东西)好像有破缺,

它的作用却不会衰竭。

最充满的好像空虚,

它的作用却不会穷尽。

最挺直的好像弯曲。

最灵巧的好像笨拙。

最能言善辩的好像不会言说。

安静能够战胜躁动,

寒冷能够战胜炎热,

清静无为就能做君临天下的首领。

第四十六章 “俭欲第四十六”

天下有道，
却走马以粪①；
天下无道，
戎马生于郊②。
[罪莫大于可欲]③。
祸莫大于不知足。
咎④莫大于欲得。
故知足之足，
常足矣⑤。

【注释】

①却：驱使。走马：战马。“粪”，傅奕本作“播”。毕沅说：“‘粪’‘播’古字通用。”高亨说：“粪亦治田之义。” ②高亨说：“生，产驹也。……古者战马用牡不用牝。天下无道，干戈相寻，牡马乏绝，牝马当阵，战阵在郊。”此四句意谓和平是天下有道的标志，发动战争是天下无道的标志。 ③此句，王弼本无；河上公本、傅奕本、景龙碑本、吴澄本等皆有，《韩非子·喻老》引同，《解老》引作“祸莫大于可欲”，《韩诗外传》引作“罪莫大于多欲”。郭店本亦有此句，作“罪莫厚乎贪欲”。据以增。 ④咎：灾祸，罪过。 ⑤郭店本作“知足之为足，此恒足矣。”

【译文】

天下有道的时候，
　驱使战马来送粪种田；
天下无道的时候，
　母马上阵将小马生在都城近郊战场上。

罪恶没有比什么便宜都要占更大的了。
祸害没有比不晓得满足更大的了。
罪过没有比贪得无厌更大的了。
所以晓得满足的“满足”的人，
就永远满足了。

第四十七章 “鉴远第四十七”

不出户，
知天下。
不阚牖[①]，
见天道。
其出弥远，
其知弥少。
是以圣人
不行而知，
不见而名[②]，
不为而成。

【注释】

①阚，即窥。牖：音 yǒu（友）。窗户。 ②“名”，张嗣成（《道德真经章句训颂》）本及《韩非子·喻老》引作“明”。名，原可训明。（《释名·释言语》）

【译文】

不出房门，
就可以知道天下的事情。
不窥视窗外，
就可以看见天道运行。
你出门愈远，
你知道的就愈少。
因此圣人
用不着出行，就能知道（天下事）；
用不着看见，就能明白（天道）；
用不着干事，就能成功。

第四十八章 “忘知第四十八”

为学日益，
为道日损[①]。
损之又损，
以至于无为。
无为而无不为。
取天下[②]常以无事；
及[③]其有事，
不足以取天下。

【注释】

①此二句，郭店本作“为学者日益，为道者日损”。　②傅奕本作“将欲取天下者”。河上公注：“取，治也。”　③及：若。

【译文】

做（知识性）学问的，
　知识一天比一天增加。
修（生命性）大道的，
　知识一天比一天减少。
减少了再减少，
一直减少到（忘知、无知、无欲）无所作为。
无所作为了却没有一件事不能作为。
（要想）治理好天下，
　就应永远不去制造事情；
如果他制造事情，
就不可能治理好天下。

第四十九章 “任德第四十九”

圣人常无心①，
以百姓心为心。
善者，吾善之；
不善者，吾亦善之，
德善②。
信者，吾信之；
不信者，吾亦信之，
德信③。
圣人在天下，
歙歙焉为天下浑其心④。
百姓皆注其耳目⑤，
圣人皆孩之⑥。

【注释】

①“常无心”，王弼本原作“无常心”；文物出版社帛书乙本释文作“恒无心”，景龙碑本、敦煌本作“无心”，河上公注亦作“无心”。张纯一《老子通释》认为当作“常无心”。其实，“无常心”与“常无心”或“无心”，俱通。“无常心”，即谓没有不变的一己之心（没有永远不变的个人意志、固定牢结的意识）；“无常心”和“无心”，即谓（永远）没有一己之心志，二者意义并无二致，但后者说得更直接、简易、明白；与34章“常无欲”句式同，是其深一层、整体性的表述；与无名、无执、无欲、无为联成一“无”的观念系统，且有帛乙本为校勘学之根据，故从之。 ②高亨说：“德读为得。”帛本正作“得善也”。 ③帛本作“得信也”。得：得到，获得，有。 ④歙：音 xī（吸）。吸气，收敛。“焉”，据帛本与王弼注补。王弼注：“是以圣人之于天下歙歙焉，心无所主也。”歙歙焉：向内收敛自己的意志如吸气的样

子,是对“常无心”或“无常心”的一种描述式说明。此句可有二解,关键在理解“其”字所指。一、其,指圣人。意是圣人收敛自己的意志,浑沌纯朴自己的心,而为天下做榜样。二、其,指百姓。意谓圣人收敛自己的意志,使天下人心浑沌纯朴、无知无欲。均通,且互通。 ⑤此句通行本原无,河上公本、景龙碑本、敦煌本等皆有,帛甲本作“百姓皆属耳目焉”。检王弼下句注中有“百姓各皆注其耳目焉”;上句下注“各用聪明”,与正文不合,而正是此句之注语。可知王弼本原有此句,系传抄时所脱。俞樾说:“注有‘各用聪明’四字,在‘为天下,浑其心’句下,正解‘百姓皆注其耳目’之谊,而《经》文夺此句,当据河上公本补之。”朱谦之说:“据补之是也。诸王本误脱此句,道藏王本有之。”河上公注:“注,用也。”《说文》:“注,灌也。” ⑥王弼注:“皆使和而无欲如婴儿也。”孩之:意同10章“能婴儿乎?”55章“比之赤子”。

【译文】

圣人永远没有自己的心志,
拿百姓的心志作为自己的心志。
善良的人,我善待他;
不善良的人,我也善待他,
这就得到了“善”(的德)。
守信的人,我相信他;
不守信的人,我也相信他,
这就得到了“信”(的德)。
圣人生活在世界上,
收敛自己的心志呵,
　使天下人心(包括自己)都浑浑沌沌、守一抱朴。
老百姓都在运用各自的耳目聪明,
圣人使老百姓都关闭耳目聪明
　回复到婴孩般的浑沌纯朴。

第五十章 “贵生第五十”

出生入死[①]。
生之徒[②],十有三;
死之徒,十有三;
人之生[生][③],动之死地,亦十有三。
夫何故?
以其生生之厚[④]。
盖闻善摄生[⑤]者,
陆行不遇兕[⑥]虎,
入军不被甲兵;
兕无所投其角,
虎无所措其爪,
兵无所容[⑦]其刃。
夫何故?
以其无死地。

【注释】

①王弼注:“出生地,入死地。”《韩非子·解老》说:“人始于生而卒于死。始之谓‘出’,卒之谓‘入’。故曰‘出生入死’。”蒋锡昌《老子校诂》说:“人出于世为生,入于地为死。”其意涵,指人的生命是从出生、成长到死亡的过程。这四字流传几千年已成为成语,今成语指冒着生命危险,不顾个人安危,与原意歧异。 ②徒:道,途,塗。或训“类”。俱通。 ③通行本原脱一“生”字,据傅奕本、范应元本及《韩非子·解老》引补。帛本作“而民生生”,亦二“生”字。 ④帛本作“以其生生也”。生生:看重生命。厚:看重。生生之厚:过度看重。 ⑤“摄生”,帛本作“执生”。河上公注:“摄,养也。” ⑥兕:音 sì(四)。独角雌犀。 ⑦《释

名·释姿容》:“容,用也。”

【译文】

人的生命从出生开始而走入死亡。

生存的道路,十分中有三分;

死亡的道路,十分中有三分;

人们重视生命,

　而活动到死亡境地的,也十分中有三分。

这是什么缘故呢?

因为他们重视生命的程度太过分了。

听说善于保养生命的人,

在陆地上行走不会遇到犀牛和老虎,

进入战阵不会遭到兵刃的杀伤;

犀牛(对他)没地方投撞它的锐角,

老虎(对他)没地方施展它的利爪,

兵器(对他)没地方使用它的锋刃。

这是什么缘故呢?

因为他没有自己活动入死亡的境地。

第五十一章 “养德第五十一”

道生之，
德畜之；
物形之，
势成之[①]。
是以万物莫不尊道而贵德。
道之尊，
德之贵，
夫莫之命[②]而常[③]自然。
故
道生之，
德畜之；
长之育之，
亭之毒之[④]，
养[⑤]之覆之。
生而不有，
为而不恃，
长而不宰，
是谓玄德[⑥]。

【注释】

①以上四句，帛甲本作“道生之而德畜之，物形之而器成之”。高亨说：“物形之，势成之二句，义不可通，文必有误。疑此四句当作‘物，道生之，形之；德畜之，成之。’”余臆：上二句说的是生成之理，下二句说的是形成之理。而，物形之已成

器,“势成之”若作“器成之”,则成同义反复,故不取。“势成之”透现在老子注意到(万物存在的)“过程”的思想。 ②王弼注:“命并作爵。”御注本、敦煌本、帛本“命”均作“爵”。 ③高亨:“常犹固也。”亦通。 ④亭:养育,使结果实。毒:使成熟。 ⑤“养”,傅奕本作“盖”。 ⑥王弼注:“有德而不知其主也。出乎幽冥,是以谓之玄德也。”自“生而不有”下四句,又见第10章。玄德为老子五千言以道、德为中心的观念链中的重要观念,是自然无为、为而不有之德,幽寂高远、深隐微妙之德,即大道之性与有道圣人觉识大道法则、顺应自然的德性。参见65章。

【译文】

道产生了万物,
德畜养了万物;
物理形成了万物的样子,
形势完成了万物的过程。
因此万物没有不尊崇道而又珍贵德的。
道所以尊崇,德所以珍贵,
就在于没有谁命令它
　而它生养万物永远是自然而然的。
所以道产生万物,
德畜养万物;
生长万物,培育万物,
发育万物,成熟万物,
抚养万物,覆盖万物。
生养万物而不占为己有,
施泽万物而不自恃有德,
领导万物而不主宰万物,
这就叫作幽深奥妙的“玄德”。

第五十二章 “归元第五十二”

天下有始，
以为天下母①。
既得其母，
以知其子②。
既知其子，
复守其母，
没身不殆。
塞其兑，闭其门③，终身不勤④。
开其兑，济其事，终身不救。
见小曰明，
守柔曰强。
用其光，复归其明，
无遗身殃，
是谓习常⑤。

【注释】

①“始”即1章“天地之始”的“始”，“母”即1章“万物之母”的“母”，都指“道”。 ②“以知”，帛本同，河上公本作“复知”，景龙碑本作“又知”。子，指天下、万物。 ③河上公注：“兑，目也。门，口也。”《淮南子·道应训》高诱注：“兑，耳、目、鼻、口也。”耳目鼻口指嗜欲的孔窍。其：代词，可表示第一人称，也可表示第二、第三人称。故译作个人的、自己的、你的，均可。王弼注：“兑，事欲之所由生。门，事欲之所由从也。”兑、门是一切事务欲念的源头。这两句是说如何“复守其母”的方法。 ④王弼注：“无事永逸，终身不勤也。”勤：勤劳，《论语·微子》“四体不勤”之“勤”。马叙伦说：“勤借为瘽。”《说文》：“瘽，病也。”亦通。

⑤“习”，傅奕本、范应元本及帛甲本等作“袭”。马叙伦、高亨说：“习”、“袭”古通用。高亨说：“袭常谓因自然也。”

【译文】

天下有一个开始，
以这个开始作为天下万物的母亲。
既然体得了天下万物的母亲，
就可以认识到她的孩子（万物）。
既然认识了孩子的母亲，
就应返回去守住孩子的母亲（道），
这样一辈子不会有危险。
塞住你的耳目，
关闭你的口鼻，
这样一辈子不需要勤劳。
打开你的耳目口鼻，
去实现你的欲望，
这样一辈子没得药救。
能鉴察细微叫作明智，
能守住柔弱叫作刚强。
使用你的智慧之光，
返回到你能见小守柔、知子守母的明智，
不会给自身留下灾祸，
这就叫作因袭自然。

第五十三章　“益证第五十三”

使我介然①有知，
行于大道，
唯施②是畏。
大道甚夷③，
而民好径④。
朝甚除⑤，
田甚芜，
仓甚虚；
服文綵，
带利剑，
厌饮食，
财货有余，
是谓盗夸⑥。
非道也哉⑦！

【注释】

①介：通“芥”，细小。成玄英疏：“介然，微小也。”“介然有知”即上章“见小曰明”。　②王念孙说：“施读为迤。迤，邪也。”迤同迤（音 yǐ）。《韩非子·解老》：“所谓貌施也者，邪道也。”（高亨按：貌字衍，说详《韩非子今笺》）　③夷：平。　④“民”，景龙碑本作“人”。疑当作“人”。因为下述“盗夸”种种“好径”的表现，并不能认为说的是一般的“民”。但景龙碑本的作“人”，又有是为唐太宗李世民避讳而改的可能，而不是以为校勘学的根据。故兹存疑而未改。径：小路。河上公注：“径，邪不平正也。”　⑤王弼注：“朝，宫室也。除，洁好也。”河上公

注:“高台榭,宫室修。”于鬯:“朝,朝廷也。” ⑥盗夸,《韩非子·解老》引作“盗竽”。高亨说:“夸竽同声系,古通用。”《广雅·释诂》:“夸,大也。”盗夸即盗魁。竽:领唱,领音。《韩非子·解老》:“竽也者,五声之长者也。故竽先则钟瑟皆随,竽唱则诸乐皆和。”盗竽即强盗领袖。 ⑦奚侗说:“此句赘,疑是衍文。”或是注语误入《经》文。

【译文】

假使我对细小的东西能够有察知,
行走在大路上,
担心的只是走入邪道。
大路非常平坦,
可老百姓[人们]还是喜欢走崎岖小路。
朝廷宫室非常漂亮,
百姓农田非常荒芜,
粮仓钱库非常空虚;
(还要)穿着华丽的衣裳,
佩带锋利的宝剑,
饱吃饱喝,
财物富余,
这就叫作强盗头子。
这是不上道啊!

第五十四章 “修观第五十四”

善建者不拔，

善抱者不脱[①]，

子孙以祭祀不辍[②]。

修[③]之于身，其德乃真；

修之于身，其德乃余；

修之于乡，其德乃长；

修之于国[④]，其德乃丰；

修之于天下，其德乃普[⑤]。

故以身观身，

以家观家，

以乡观乡，

以国观国，

以天下观天下。

吾何以知天下然哉？以此。

【注释】

①缪尔纾注："善建者以不建为建，则永不拔。善抱者，以不抱为抱，则永不脱。"甚是。　②辍：停止，废止。帛乙本作"绝"。辍、绝义同。王弼注："子孙传其道以祭祀，则不辍也。"《韩非子·解老》："为人子孙者，体此道以守宗庙不灭之谓'祭祀不绝'。"祭祀，指祖宗基业。高亨说：（以上）三句为一章。　③修：为（《文选》卷二张衡《西京赋》"要绍修态"薛综注；杨柳桥注作《思玄赋》旧注，误），治，修治，修理，修持。　④国，傅奕本、帛甲本及《韩非子·解老》引，俱作"邦"。"国"乃汉人避高帝刘邦讳而改。古代邦国同义，凡天子京畿以外的诸侯

国都称邦国,差别仅大的称邦,小的称国。邦的都城也称国。 ⑤普,傅奕本作“溥”,帛乙本作“博(溥)”。“溥”即“普”。

【译文】

善于建立的拔不掉,
善于怀抱的不会脱手,
子孙们世世代代身体力行这个道理
　就能使宗庙祭祀不会废绝。
用这个道理来修身,他的品德就真实;
用这个道理来治家,他的品德就富余;
用这个道理来治乡,他的品德就长久;
用这个道理来治国,他的品德就丰满;
用这个道理来治天下,他的品德就普遍。
所以要从(看)自己个人来观照其他的个人,
从(看)自己的家来观照(其他的)家,
从(看)自己所在的乡里来观照(其他的)乡里,
从(看)自己所在的邦国来观照(其他的)邦国,
从(看)自己所在的天下来观照(其他的)天下。
我凭什么知道天下的情况呢?
就凭(上面所说的)这些道理。

第五十五章　“玄符第五十五”

含德之①厚，
比于赤子②。
蜂虿虺蛇不螫③，
猛兽不据④，
攫鸟不搏⑤。
骨弱筋柔而握固，
未知牝牡之合而朘作⑥，
精之至也。
终日号而不嗄⑦，
和之至也。
知和曰常⑧，
知常曰明，
益生曰祥⑨，
心使气曰强⑩。
物壮则⑪老，谓之不道。
不道早已⑫。

【注释】

①“之”，无义，表示音节。　②赤子，即10章“专气致柔，能婴儿乎”的婴儿。　③“蜂虿虺蛇”，帛甲本作“逢𧉥蜾地”，乙本作“𧑗疠虫蛇”；河上公本、吴澄本等多本作“毒虫”。虿：音chài（瘥）。蝎子一类的毒虫。虺：音huǐ（毁）。毒蛇。螫：音shì（式）。毒虫刺、毒蛇咬。　④俞樾说：“据当作豦。”高亨说：“兽以爪攫物曰豦，古书通以据为之。”豦：音jù（沮）。　⑤攫：音jué（角）。高亨

说:“攫鸟,犹云鸷鸟也。”鸷音 zhì(帜)鸟:鹰、雕一类的猛禽。以上三句郭店本作“虺虿虫蛇弗蛰,攫鸟猛兽弗扣”。 ⑥朘:音 zuī。男孩生殖器。王弼本原作“全”,据傅奕本、帛乙本、郭店本改。“朘作”,傅奕本、帛乙本、郭店本作“朘怒”。作:挺举,翘起。 ⑦“嗄”,帛本略同(甲本作“㚇”,乙本作“嚘”),郭店本同,河上公本作“哑”。嗄即哑,音 shà(沙)。 ⑧郭店本无“知”字,作“和日常”。这里的“和”,是事物具体构成的阴阳二气相互依存相互激荡而均衡和合之“和”。王弼注:“物以和为常。”也就是42章“万物负阴而抱阳,冲气以为和”的“和”,参见42章注⑤。扣着本章而言,意即指赤子精气之饱满,乃由于他的阴阳二气均衡中和。故高亨说:“知和曰常,义不可通,疑知当作精,盖精字转写挩去,读者依下句增加字耳。前文云:‘精之至也。’又云:‘和之至也。’故此总之曰‘精和日常。’常乃自然之义……此句言精与和乃性之自然也。”亦颇通畅,郭店本亦可说为它提供了部分文献证据。唯王弼本未必不可解,“知和”的意为明了事物构成的“和”的原理及事物阴阳“和”的存在状态;而“知和则得常也”(王弼注),就得永恒了。“曰”通“则”。故录高说以供参考,译仍从王本。 ⑨益生:逆自然而动的贪生嗜欲。《庄子·德充符》:“常因自然而不益生。”高亨说:“益生者以五色养目,以五音养耳,以五味养口。”成玄英疏:“多贪世利,厚益其生。”祥,在《老子》中是正面词,故此处的祥,与文意旨不合,而历来多注。要者,(一)不祥。易顺鼎说:“祥即不祥。”李道纯《道德会元》本即作“益生不祥”。(二)妖祥,王弼注:“生不可益,益之则夭。”“夭”字当为“妖”,朱谦之说:“《道藏·张太守汇刻四家注》引王弼正作‘妖’。”孙登、林希逸、范应元等皆持以“妖”释“祥”。(三)灾殃。奚侗说:“祥当训眚。”眚音 shěng(省)即灾异。陈柱《老子》:“祥,殃也。”(四)疾病。高亨说:“祥当读为痒。同声系,古通。《尔雅·释诂》:‘痒,病也。’”痒,音 yáng(羊)。泛指病害。四解义近,可以会通。 ⑩心,指“益生”的意欲。“曰强”,傅奕本作“则彊”。马叙伦说:“彊”借为“僵”。高亨:“以使气,老子以为自斫其精神。” ⑪“则”,河上公本作“将”。 ⑫郭店本无此句。

【译文】

含德淳厚的人,

好和婴孩相比。

黄蜂、蝎子、毒虫、毒蛇不刺他不咬他,

猛兽不舞爪抓他,

猛禽不扑击他。

(他)筋骨软弱柔和但拳头却握得很牢固,

不知道男女交合的事情但小生殖器却会自动勃起,

这是由于他精气的极度充足饱满。

整天啼哭但声音却不会嘶哑，

这是由于他生命元气非常的均衡和谐。

明了“和”的道理就是永恒，

明了永恒就是明智。

贪生嗜欲就是不吉祥，

用贪生嗜欲的意念来驱使元气就是强暴。

事物达到了壮盛的时候就要衰老，

这叫作不合乎“道”。

不合乎“道”的就会提早灭亡。

第五十六章 “玄德第五十六”

知者不言，言者不知①。
塞其兑，闭其门②，
挫其锐，解其分③，
和其光，同其尘④，
是谓玄同⑤。
故
不可得而亲，
不可得而疏⑥；
不可得而利，
不可得而害；
不可得而贵，
不可得而贱。
故为天下贵⑦。

【注释】

①这两句，郭店本作“知之者弗言，言之者弗知”。 ②这两句，重见于52章。参见52章注③。 ③“分”，4章作“纷”。各本多作“纷”，景龙碑本、景福碑本、敦煌本等作“忿”。“解其分”，王弼注：“除争原也。”此“分”乃指分别心，是纷争的根源。朱谦之说：“疑‘分’为‘棼’字之省字……《释文》：‘乱也。’王本‘解其分’，即解其紊乱也。”忿：怒，恨。分，纷，忿，棼四义俱通。 ④以上四句，重见于4章。 ⑤玄同亦老子哲学以道、德为中心的观念链中的重要观念。依本章即可知玄同是与万物混同一体的玄妙境界。这个境界及其达成，具体地说，就是关闭（超越）一切偏执外物的感知、认知器官，无知无欲无言；磨去锋芒，消解

（亲疏、利害、贵贱是非分别的）纷扰，收敛光耀、使自己生命的光暗与尘世齐同，这就叫玄同。 ⑥“不”字之前，郭店本有“亦”字。按文气文义当有；六个“不可”，凡逢双的“不可”之前皆当有“亦”意。 ⑦高亨说：“贵亦贞字之误。”

【译文】

知道“道”的人不讲，
讲的人不知道“道”。
塞住自己的嘴巴，
闭上自己的眼睛，
挫钝自己的锋锐，
解消自己的纷扰（分别心），
缓和自己的光芒，
使自己混同在尘世之中，
这就叫与万物浑然齐同的玄妙境界。
所以（对于这样达到玄同境界的人）
没有可能和他亲近，
也没有可能和他疏远；
没有可能对他利用，
也没有可能对他伤害；
没有可能使他尊贵，
也没有可能使他卑贱。
所以这样的人被天下人尊贵。

第五十七章　“淳风第五十七”

以正[①]治国，
以奇[②]用兵，
以无事取天下[③]。
吾何以知其然哉[④]？
以此：
天下多忌讳，而民弥贫[⑤]；
民多利器，国家滋昏[⑥]；
人多伎巧，奇物滋起[⑦]；
法令[⑧]滋彰，盗贼多有。
故圣人云[⑨]：
我无为而民自化，
我好静而民自正，
我无事而民自富，
我无欲而民自朴[⑩]。

【注释】

①“正”，帛本、郭店本同，傅奕本、御注本、敦煌本、遂州本作“政”。正、政古通用。　②奇：不正。河上公注：“奇，诈也。无使诈伪之人，使用兵也。”《史记·田单列传索隐》：“奇谓权诈也。”奇为千古用兵要诀。《孙武兵法·计篇》：“兵者，诡道也。”权诈、诡，皆不正。高亨说：“（《老子》文中）诸奇字皆邪义也。”高说是。“奇”字本身，在《道德经》中，就是贬义。以奇用兵即以智术、权谋、诡诈用兵，智术、权谋、诡诈，皆为老子所贬。　③缪尔纾说：“正，谓法制禁令，仅可施于治国。奇，谓权谋诡诈，仅可施于用兵。惟无为而治，乃可以治天下。”

④帛乙本作“吾何以知亓(其)然也?”郭店本作“吾何以知其然也?” ⑤这两句,郭店本作“夫天[下]多忌讳,而民弥叛”。“叛”义甚佳,今译并存,置于括弧( )中。下注⑦同。 ⑥此句,帛甲本作“而邦家兹昏[滋昏]”,郭店本作“而邦滋昏”。 ⑦这两句,傅奕本、范应元本作“民多知慧,而衺(邪)事滋起”。郭店本作“人多智而奇物滋起”。检王弼注:“民多智慧则巧伪生,巧伪生则邪事起。”则王所见本当是“民多智慧,邪事滋起”。朱谦之说:“伎巧”乃“知巧”之讹。成玄英疏:“知巧谓机心也。”物,原可训事。(《礼记·中庸》、《月令》、《易系辞下传》、《周礼·大司徒》、《仪礼·乡射》注)奇物即奇事,奇又有邪义,见注①。故诸义可会通。 ⑧“法令”,河上公本、郭店本作“法物”。朱谦之说:作法令是也。“法物”无义。 ⑨郭店本作“是以圣人之言曰”。 ⑩以上四句,郭店本句略同而次序不同:“我无事而民自富,我无为而民自化,我好静而民自正,我欲不欲而民自朴。”这四句其实亦是对第2章“圣人处无为之事,行不言之教”的说明。

【译文】

用正常的规矩治理国家,
用权谋诡术来带兵打仗,
用不生事不扰民来治理天下。
我凭什么知道是这样的呢?
就凭(下面)这些(事理):
天下愈多禁区忌讳,
　老百姓就多贫困(逆反);
民间愈多先进工具,
　国家就愈会滋长昏乱;
人们的机心知巧愈多,
　稀奇古怪的事情(东西)就愈会发生(出现);
法律命令愈繁多细明,
　盗贼就出现得愈多。
所以圣人说:
我没有作为而老百姓自己就会淳化,
我喜好清静而老百姓自己就会正常,
我不生事扰民而老百姓自己就会富裕,
我没有欲望而老百姓自己就会纯朴。

第五十八章 “顺化第五十八”

其政闷闷[①],其民淳淳。
其政察察[②],其民缺缺[③]。
祸兮福之所倚,
福兮祸之所伏。
孰知其极[④]?
其无正也[⑤]。
正复为奇,
善复为妖。
人之迷,其日固久!
是以
圣人方而不割,
廉而不刿[⑥],
直而不肆,
光而不耀[⑦]。

【注释】

①闷闷,即20章“我独闷闷”的“闷闷”,浑噩貌。傅奕本作“闵闵”,昏然也。二者义近意同。为政浑噩昏然,也就是上章所说的“无为”、“好静”、“无事”、“无欲”,对百姓宽厚、宽容、宽大、不控制、不干涉之意。高亨说:“闷闵皆借涽。涽涽,浊也。”意亦同。盖政浊即郑板桥所谓难得糊涂的糊涂,也是于民无事之意。②察察,即20章“俗人察察”的“察察”,参见20章注⑬。　③缺缺:狡诈貌。高亨说:“缺借为狯,《说文》:‘狯,狡狯也。’狯狯,诈也。”蒋锡昌说:“‘缺缺’,机诈满面貌。”许杭生说:“此句意谓老百姓破坏了原有的纯朴。”二说自可会通,盖狡

猃机诈正是原有的纯朴被破坏后的表现。 ④极:法则。此句言人们不知祸福之间有着相因相生、相互倚伏变化的法则。 ⑤“也”,王本原无,依帛乙本及文气补。傅奕本“正”下有“衺(邪)”字。正:纯正,绝对不变的正面东西。有“邪”亦通,意即没有绝对不变的正面与负面东西。 ⑥廉:有棱角,方正,刚直。“不刿”,河上公本作“不害”。不刿即不害。《说文》:“刿,利伤也。”刿:音guì(刽)。 ⑦河上公注:“圣人虽有独知之明,常如暗昧,不以耀乱人也。”这最后四句皆为第4章“和光同尘”境界之补充说明。

【译文】

国家的政治浑噩浑浊,
　它的人民就淳厚浑朴。
国家的政治苛察精明,
　它的人民反而权诈狡猾。
灾祸呵正是幸福所依附的地方,
幸福呵正是灾祸所潜伏的地方。
谁知道这里面倚伏变化的法则呢?
这里的道理就是没有绝对不变的正面东西。
正常的会倒回成诡诈,
善良的会倒回成妖邪。
人们的迷惑,这种日子早已太久了!
因此
圣人方正但不割人,
有棱角但不伤人,
直率但不对人放肆,
光明但不耀人眼睛。

第五十九章 “守道第五十九”

治人事天莫如啬[①]。

夫唯啬,是谓早服[②]。

早服谓之重积德。

重积德则无不克[③],

无不克则莫知其极[④],

莫知其极可以有国。

有国之母[⑤],

可以长久。

是谓深根固柢[⑥],

长生久视之道也[⑦]。

【注释】

①啬:吝啬。意为作为的吝啬,以至于无事无为。高亨说:“啬本收藏之义,衍为爱而不用之义。此啬字谓收藏其神形而不用,以归于无为也。”《韩非子·解老》:“夫能啬也,是从于道而服于理也。” ②王弼注:“早服常也。”河上公注:“早,先也。服,得也。夫独爱民财,爱精神,则能先得天道也。”高亨疑“服”字下当有“道”字,而与“重积德”句式相同,辞意相因。朱谦之说:高说是也。余臆:王说“早服常”即早服道。 ③河上公注:“克,胜也。” ④极:边际,尽头。王弼注:“道无穷也。” ⑤母:安国治邦的根本。指“道”。 ⑥根:树下四向曼衍的横根。柢:音dǐ(底)。树的直根、主根。意即牢固长久、不可动摇。 ⑦郭店本“道”下有“也”字;余均同。视:活,生存。《吕氏春秋·重己》“莫不欲长生久视”。高诱注:“视,活也。”“也”字,通行本原无,据帛本、郭店本补。

【译文】

管理人民侍奉上天没有比吝啬无为更重要的了。

只有这吝啬无为，才叫作先得到道。

先得到道叫作增加积德。

增加积德就无往而不胜，

无往而不胜就没有人知道你的德的尽头，

没有人知道你的德的尽头就可以享有国家。

有了国家的根本，就可以长治久安。

这叫作根基深厚、本元坚固，

是长生久存的根本法则（道）。

第六十章　“居位第六十”

治大国若烹小鲜①。

以道莅天下，

其鬼不神。

非②其鬼不神，

其神不伤人③。

非其神不伤人，

圣人亦不伤人④。

夫两不相伤⑤，

故德交归焉⑥。

【注释】

①“鲜”，范应元本作“鳞”，遂州本作“腥”，都训鱼。此句意谓治理大国应当像煎鱼那样谨慎小心，否则一不留神就会像把小鱼煎烂一样，扰民伤民。　②高亨说：“非者，不唯二字之合音。”　③以上四句，意谓天下有道、太平盛世，鬼神皆隐而不作祟、不显灵。　④这里的圣人不仅指有德，也是有位的。高亨认为《老子》一书言“圣人”者凡三十许处，皆有位之圣人。　⑤两，指鬼神和圣人。相：共同，一起。高亨说：“鬼神不祟人，人不驱鬼神，圣人不病民，民不害圣人：是为两不相伤。”亦通。　⑥交：俱，共同。

【译文】

治理大国就好像烹煎小鱼一样。

用道来君临（治理）天下，

这时的鬼就不神异。

非但鬼不神异，

这时的神灵也不伤害人。

非但神灵不伤害人，

就是(有位的)圣人也不伤害人。

鬼神和(有位的)圣人不一起伤害人，

所以(人)都能各归各自的德性。

第六十一章 “谦德第六十一”

大国者下流[①]，
天下之交，
天下之牝[②]。
牝常以静胜牡，
以静为下[③]。
故大国以下小国，则取小国[④]；
小国以下大国，则取大国[⑤]。
故或下以取，或下而取。
大国不过欲兼畜人[⑥]，
小国不过欲入事人。
夫两者各得其所欲，
大者宜为下[⑦]。

【注释】

①帛本作“大邦者下流也”。王弼注：“江海居大而处下，则百川流之。大国居大而处下，则天下流之。故曰大国下流也。”邦即国，见54章注④。 ②牝：音pìn（聘）。雌性。亦有溪谷义。《大戴礼记·易本命》：“溪谷为牝。” ③帛乙本作“为亓（其）静也，故宜为下也。”王弼注：“雄躁动贪欲；雌常以静，故能胜雄也。以其静，复能为下，故物归之也。” ④取，道藏河上公本、龙兴碑本等作“聚”。朱谦之说：“取”、“聚”字通，不必改字。取字即聚义。王弼注：“小国则附之。”今译从王注。 ⑤帛本作“取于大国”。王弼注：“大国纳之也。”按朱谦之说，此取，向义。亦通。今译从王注。 ⑥人：别人，他人。这里指小国，下句指大国。 ⑦帛本句末有“也”字。

【译文】

大国(就像江海)处于(百川的)下游,
是天下百川众流的交汇,
是天下万物中的雌性。
雌性常常用宁静来战胜雄性,
因为宁静而处于卑下的地位。
所以大国能用谦卑的态度对待小国,
　就能取得小国的归附;
小国能用谦卑的态度交通大国,
　就会取得大国的容纳。
所以或者由谦卑取得小国的归附,
　或者由谦卑取得大国的容纳。
大国不过是想聚合、收养小国,
小国不过是想受庇护于大国。
这两方面都各自得到了自己的愿望,
(可见)大国应该甘居卑下。

第六十二章 “为道第六十二”

道者万物之奥①，
善人之宝，
不善人之所保②。
美言可以市尊，
美行可以加人③。
人之不善，何弃之有！
故立天子，置三公④。
虽有拱璧以先驷马⑤，
不如坐进此道。
古之所以贵此道者何？
不曰“求以得⑥，有罪以免”邪！
故为天下贵。

【注释】

①奥，《释文》：“暖也。”王弼注：“奥犹暖也，可得庇荫之辞。”暖：遮蔽，温暖。河上公注：“奥，藏也。道为万物之藏，无所不容。”二义近而可会通。帛本作“注”。马王堆帛书甲本释文注㉙：“注读为主，《礼记·礼运》‘故人以为奥也’，郑注：‘奥，犹主也。’”亦通，但上二义更胜。 ②保：保障，依靠。河上公注：“道者，不善人之保倚也。” ③此二句，通行本原为“美言可以市，尊行可以加人”，近世注家依《淮南子》之〈道应训〉、〈人间训〉引改。兹从之。缪尔纾说：“美行可以加人者，卓行可宗，高出众人之上也。” ④三公：最高品级的朝廷大臣，周代立太师、太傅、太保，曰三公。（《通典·职官典·三公》） ⑤拱璧，王弼注：“拱抱宝璧。”驷马：同拉一辆车的四匹马。拱璧以先驷马：拱璧在先，驷马随后。这是古代派遣专使四出聘问高士治道的一种特殊礼仪。高亨说：“疑以先二字当在驷

马二字下。先借为诜……诜即聘义……‘虽有拱璧驷马以先’，犹云虽有拱璧驷马以聘矣。”亦通。 ⑥求以得，通行本原作“以求得”，据傅奕本、景龙碑本、帛乙本改。

【译文】

道这个东西呵是万物的隐秘庇护，

它是好人的法宝，

也是不好人所要的生存保障。

漂亮话可以买到尊荣，

高尚的行为可以获得人们的宗仰。

（即使是）不善良的人，但抛弃他的理由又在哪里呢？

所以建立了天子，设置了三公大臣。

（朝廷）虽然（郑重其事派遣特使）

前面双手捧着宝玉，

后面跟着四匹马驾的车四出征询聘问，

还不如静坐下来进献这个庇荫万物的道。

古时候之所以贵重这个道的原因在哪里呢？

不就是说“求了就能得到，有罪的可以赦免”吗！

所以道为天下人所尊贵。

第六十三章 “恩始第六十三”

为无为，
事无事，
知无知[①]。
大小多少[②]，
[报怨以德][③]。
图难于其易，
为大于其细。
天下难事必作于易，
天下大事必作于细。
是以圣人终不为大，
故能成其大。
夫轻诺必寡信，
多易必多难。
是以圣人犹难之[④]，
故终无难矣。

【注释】

①通行本原作“味无味”。王弼注：“以恬淡为味，治之极也。”高亨说：“‘味无味’当作‘知无知’……为无为者，以无为为为也。事无事者，以无事为事也。知无知者，以无知为知也。”《文子·道原篇》、《后汉书·荀爽传》俱引作“知不知”。意更明白。“知无知”，与48章“为道日损”意气相通相应。总之，这句作“味”或作“知”俱通，与上二句说的都是治理的最高水平。 ②姚鼐、奚侗、蒋锡昌等谓此句义不可解，疑有脱字。朱谦之说：“‘大小多少’，即下文‘天下难事必作于

易，大事必作于细'之说，谊非不可解。六十四章'九层之台，起于累土；千里之行，起于足下'（按：引自景龙碑本），亦即本此。此谓大由于小，多出于少。"《韩非子·喻老》即如此解："有形之类，大必起于小；行久之物，族（王先慎：众也）必起于少。"严灵峰《老子达解》依《喻老》补为："大生于小，多起于少。"《老子》文句古朴诗化，原不必拘于其句语法之完整与否，当会通其意而理解之。朱、严所解是，补则不必。　③此句在本章似有突兀之感；马叙伦、陈柱、严灵峰、陈鼓应认为义似与上下文不相属，当为79章的错简。参见79章注①如此"大小多少"下当断为句号，直译从之。　④此句意为圣人遇事总是当作大事难事加以重视，而从事情开始时的细小容易处做起。

【译文】

把没有作为当作作为，
把没有事情当作事情，
把没有知识当作知识。
大的一定从小的开始，
多的一定从少的开始。
[用德行来报答怨恨。]
解决困难从它的容易处入手，
处理大事从它的细小处入手。
天下的难事一定从容易事发展起来，
天下的大事一定从细小事发展起来。
因此圣人始终不做大事，
所以才能完成他的大事。
凡是轻易许诺的人一定很少信用，
屡屡轻率做事的一定困难更多。
因此圣人遇事尚且总是看作困难，
所以他最终没有困难。

第六十四章　“守微第六十四”

其安易持[①]，
其未兆易谋，
其脆易泮[②]，
其微易散。
为之于未有，
治之于未乱。
合抱之木，生[③]于毫末。
九层之台，起[④]于累土。
千里之行，始于足下。
为者败之，
执者失之。
[是以圣人
无为故无败[⑤]，
无执故无失][⑥]。
民之从事，常于几成而败之[⑦]。
慎终如始，则无败事[⑧]。
是以圣人
欲不欲，不贵难得之货[⑨]；
学不学，以复众人之[所]过[⑩]。
以辅万物之自然，
而不敢为[⑪]。

【注释】

①帛甲本作“亓安也，易持也”。其：指示代词，这里四“其”字，指东西、事情、问题。 ②泮：音 pàn（判）。融化，分离，散破。傅奕本即作“判”，判即分。景龙碑本、景福碑本、敦煌本、御注本作“破”。义均同。 ③“生”，帛乙本作“作”。义近。 ④“起”，帛本作“作”。义近。 ⑤郭店本句末有“也”字。⑥“无执故无失”，帛甲本作“无执也，故无失也”。这二句，马叙伦说，当移入29章。因为29章与64章章旨不同，今译亦随之稍异。 ⑦郭店本有一句，与此句相近：“人之败也，恒于其且成也败之。”但置于“慎终如始，则无败事”句后。这句意即功亏一篑。 ⑧帛乙本、郭店本句末有“矣”字。 ⑨“不贵”之前，帛本有“而”字。 ⑩此句原作“复众人之所过”。高亨说：“王本挩一‘以’字，衍一‘所’字。当作‘以复众人之过’，与‘不贵难之货’句法略同，义亦明莹。”高所说的脱、衍，其实是通行本的脱、衍。检王弼注引，王弼所见本原就是“以复众人之过”。傅奕本亦有“以”字。复：免除、消除。《汉书·高帝纪》：“复勿租税二岁。”⑪郭店本作“是以能辅万物之自然而弗敢为”。

【译文】

事情稳定的时候容易把握，

问题在没有露出苗子的时候容易谋求解决，

脆弱的东西容易分解，

微小的东西容易碎散。

处理问题要在问题还没有发生的时候，

治理社会要在社会还没有混乱的时候。

合抱粗的大树，从细小的树苗生长起来。

九层的高台，从一抔土一抔土堆积筑起。

千里的远行，从脚下第一步开始。

有意作为的一定会失败，

紧抓不放的反而会把抓着的东西失掉。

因此圣人

没有作为所以就没有失败，

没有紧抓不放所以反而不会失掉。

普通的老百姓做事，

　常常在将要成功的时候却失败了。

做事情直到最后都要像开始时一样谨慎，

　那就不会坏事了。

因此圣人

把没有欲望作为欲望

　不看重难以得到的稀有财货；

　把没有学问当作学问，

来赦免老百姓的过失。

用(这个欲不欲,学不学的态度)

　来辅助万物的自己生长，

而不敢有所作为。

第六十五章 “淳德第六十五”

古之善为道者，
非以明①民，将以愚之②。
民之难治，以其智多③。
故
以智治国，国之贼；
不以智治国，国之福④。
知此两者亦稽式⑤。
常知稽式，
是谓玄德。
玄德深矣远矣，
与物反矣⑥，
然后乃至大顺。

【注释】

①王弼注:“明谓多见巧诈，蔽其朴也。”河上公注:“明，知巧诈也。”意即出于机心的精明。　②王弼注:“愚谓无知，守真顺自然也。”河上公注:“使朴质不诈伪也。”此句意同于19章令民“见素抱朴，少私寡欲”，37章“化而欲作，吾将镇之以无名之朴”，49章“圣人在天下，歙歙焉为天下浑其心”，57章“我无欲而自朴”。愚亦45章“大巧若拙”之“拙”。　③此句，帛甲本作“以其知也”。王弼注:“多智巧诈，故难治也。”河上公注:“多智巧诈。”　④“福”，帛本作“德”。“以智治国”是57章“以正治国”的反面，故“国之贼”；“不以智治国”即“以正治国”，故“国之福”。　⑤龙兴观碑本无“知”字，亦通。帛本作“恒知此两者，亦稽式也”。“稽式”，河上公本、景龙碑本、吴澄本等作“楷式”。“稽”、“楷”古通用，义均训法。　⑥反:返。亦即16章“归根”、“复命”，28章“复归于朴”之

“归”、“复”，句意亦同。王弼注：“反其真也。”吕惠卿《道德真经传》：“与物反本。”或释为“相反”之义，亦通。今译取“返”义。

【译文】

古代善于身体力行、践道的君主，
不是用道来使老百姓精明机诈，
　而是用道来使老百姓浑朴愚拙。
老百姓的难以管理，
　是因为他们聪明过头。
所以
用机心智谋来治理国家，
　是国家的祸害；
不用机心智谋来治理国家，
　是国家的福祉。
要明白这两个道理也是治理国家的法则。
永远明白这个法则，
这就叫作玄德。
玄德真是又深奥又遥远啊，
与万物一起返归本始真朴，
然后也就进入完全畅通、大化流行的境界。

第六十六章　“后己第六十六”

江海所以能为百谷王[1]者，
以其善下之，
故能为百谷王。
是以
欲上民必以言下之，
欲先民必以身后之[2]。
是以圣人
处上而民不重[3]，
处前而民不害[4]。
是以天下乐推而不厌。
以其不争，
故天下莫能与之争。

【注释】

①谷：水注溪。（《尔雅·释水》、《左传·僖公三年》注、《文选·蜀都赋》注）王：归往。（《说文》、《韩诗外传》、《风俗通》引）可衍申为归宿、归汇之义。②景龙碑本、景福碑本“是以”下有“圣人”二字；“民”则作“人”，下面二句的“民”亦然。这两句，帛本作“是以圣人欲上民也，必以其言下之；其欲先民也，必以其身后之”。上，作动词用，居上之义。先，作动词用，意即领先、领导、领路。　③重：累（累赘、负担）。　④这两句，帛甲本文字稍异，句序对调，作“故居前而民弗害也，居上而民弗重也”。

【译文】

江海之所以能成为百川众水的归往，

是因为它善于处在低卑的下流，

所以能成为百川众水的归往。

因此(圣人)

要想位居在老百姓的上头，

必须用言辞向老百姓表示谦卑；

要想跑在老百姓的前面，

必须把个人(利益)放在老百姓的后面。

因此圣人

位居上面而老百姓不感到是负担，

跑在前面而老百姓不感到有危害。

因此天下老百姓推举他而不讨厌他。

因为他不跟天下人争，

所以天下没有人能与他相争。

第六十七章 “三宝第六十七”

天下皆谓我道[①]大，似不肖[②]。
夫唯大，故似不肖[③]；
若肖，
久矣其细也夫！
我[④]有三宝，持而保[⑤]之：
一曰慈，
二曰俭，
三曰不敢为天下先。
慈[⑥]，故能勇；
俭，故能广[⑦]；
不敢为天下先，故能成器长。
今
舍慈且勇[⑧]，
舍俭且广，
舍后且先，
死矣[⑨]！
夫慈，
以战则胜，
以守则固。
天将救[⑩]之，
以慈卫之。

【注释】

①“道”，河上公本作“德”，景龙碑本、景福碑本、敦煌本、帛乙本无“道”字。无“道”字，亦通。因为“我”原是“道”的自谓；疑“道”字乃注语抄入经文。“大”，即25章“道大”之“大”。 ②肖：似，类似。不肖：不肖物。意即不属物类。帛乙本作“大而不宵（肖）”，即谓道大（无限）故而不类似物，意思直截了当。录以助思。译仍从王本。 ③这两句，帛乙本作“夫唯不宵（肖），故能大”。即是说，正因为道不属物类，所以才能大。与王本这两句正好交互形成循环论证，两者意义完全一致。 ④“我”字之下，帛本有“恒”字。 ⑤“保”，景龙碑本、敦煌诸本、傅奕本、范应元本作“宝”，亦通。《中庸》引《楚书》曰：“楚国无以为宝，惟善以为宝。”以慈为宝与以善为宝，意近，很可能原就是流行楚国的思想。 ⑥“慈”字前，景龙碑本、帛乙本有“夫”字。又，马一浮说：“老子所谓慈，与仁慈之慈不同，他是取其不怒之意。”颇新，亦佳，录之。译仍从慈常义。 ⑦王弼注：“节俭爱费，天下不匮，故能广。” ⑧“舍”字下，帛乙本有“亓（其）”字。王弼注：“且犹取也。” ⑨傅奕本、范应元本作“是谓入死门”。 ⑩“救”，帛本作“建”。于鬯谓“救当读为仇”，其意乃谓“虽天将仇我，我能以慈自卫。极言慈之可宝也”。亦可聊备一说。

【译文】

普天下都说我道是无限广大，
　好像不像器物。
正因为道无限广大，
　所以好像不像器物；
如果像器物，
则早已渺小的了！
我有三个法宝，把握它而且保持它：
第一叫慈爱，
第二叫节俭，
第三叫不敢跑在天下人的前面。
慈爱，所以能勇敢；
节俭，所以能扩大；
不敢跑在天下人的前面，
　所以能成为万物的首长。
可如今（的人）
舍弃慈爱，采取勇敢；

舍弃节俭,采取扩大;

舍弃退后,采取领先,

那就死定啦!

慈爱这个法宝啊!

用于战争就能获胜,

用于守卫就能坚固。

上天要拯救谁,

就用慈爱来保卫谁。

第六十八章 “配天第六十八”

善为士[1]者不武，
善战者不怒[2]，
善胜敌者不与[3]，
善用人者为之下。
是谓不争之德，
是谓用人之力，
是谓配天。
古之极也[4]。

【注释】

①王弼注："士，卒之帅也。" ②《广雅·释诂》："怒，健也。"不怒，意即不好斗、不轻易战。又，成玄英注《庄子·天下篇》"其道不怒"，说："克己，故不怨怒于物。"其意当为能克制自已，故能忍、情绪不受外界的挑动之影响，稳得住。故借成注"克己"为解，意实相通。故录以助解。 ③不与：不面对面的与敌交锋。王弼注："不与争也。"陶鸿庆说："与即争也。"高亨说："与犹斗也。""与"亦有"对"之义。《左传·襄公二十五年》："一与一谁能惧我？""一与一"即"一对一"。王引之《经义述闻》谓古者相当、相敌皆谓之与。 ④这两句依通行本原连作一句。高亨采俞樾、马其昶、马叙伦、奚侗各家疑"古"字为衍文之说，认为当作"是谓配天之极"，"古字乃下章第一字"。无文献佐证。帛书甲乙本都有"古"字。且依帛本："是胃（谓）肥（甲本脱）天，古之极也。"当以"配天"为句读，补"也"。

【译文】

善于做武士的不逞武，
善于作战的不发怒（好斗），
善于战胜敌人的不面对面与敌人争斗，

善于用人的待人谦逊卑下。
这叫作不争斗的品德，
这叫作利用别人的能力，
这叫作配合天道。
这是自古以来的行动准则。

第六十九章 “玄用第六十九”

用兵有言①：
“吾不敢为主而为客②，
　不敢进寸而退尺。”
是谓行无行③，
攘无臂，
扔无敌，
执无兵。
祸莫大于轻敌，
轻敌几丧吾宝④。
故抗兵相加⑤，
哀者胜矣⑥！

【注释】

①高亨说：此句当作“古之用兵者有言”。焦竑说：“用兵有言，古兵家有此言也。” ②为主：做主人的态度，即主动。为客：做客人的态度，即被动。 ③王弼注：“行谓行阵也。” ④王弼注：“宝，三宝也。”河上公注：“宝，身也。”俱通。⑤王弼注：“抗，举也。加，当也。” ⑥苏辙说：“两敌相加，吾出于不得已，则有哀心。哀心见而天人助之，虽欲不胜不可得也。”

【译文】

用兵的专家有这样的说法：
“我不敢采取主动而宁可采取被动，
不敢推进一寸而宁可后退一尺。”
这叫作摆开战阵如同没有战阵（不发动攻势），
挥动手臂如同没有手臂（不先动手），

面对敌人却不敌视敌人，

手握兵器却并不使用兵器。

祸患没有比轻视敌人再大的了，

轻视敌人接近丧失自己的法宝。

所以两军对峙、举兵相当，

悲哀的一方胜定啦！

第七十章　“知难第七十”

吾言甚易知，甚易行；

天下莫能知，莫能行[①]。

言有宗，

事有君[②]。

夫唯无知，是以不我知。

知我者希，则[③]我者贵。

是以圣人被褐怀玉[④]。

【注释】

①王弼注：“可不出户窥牖而知，故曰甚易知也。无为而成，故曰甚易行也。惑于躁欲，故曰莫之能知也。迷于荣利，故曰莫之能行也。”　②君：主宰。③则：就，便。以“效法”解，亦通。释德清注：“则谓法则，言取法也。”我：道的自谓。　④被褐怀玉：后亦流传为成语。用以比喻：(1) 出身贫寒却身怀奇才绝技。曹操《求贤令》：“今天下得无有被褐怀玉而钓于渭溪者乎？”(2) 有德有才的人，但才德深藏不露。《晋书·庾峻传》：“山林之士，被褐怀玉；太上栖于丘园，高节出于众庶。”

【译文】

我说的道理非常容易明白，

　非常容易实行；

然而天下却没有人能够明白，

　没有人能够实行。

说话有宗旨，

做事有头脑。

只是因为人们不明白（道理），

因此人们不了解我。

了解我的人，

那我就显得尊贵啦。

因此圣人身穿着粗衣而怀里揣着宝玉。

第七十一章 “知病第七十一”

知不知，上[①]。
不知知，病。
夫唯病病[②]，
是以不病。
圣人不病，
以其病病。
是以不病。

【注释】

①“上”，帛本、傅奕本作“尚”。上、尚通。此二句如同说上知不知、大智若愚，与45章“大巧若拙”意同。缪尔纾说：“知而若不知，上智之人。聪明睿知，守之以愚，故曰上。” ②第二个病字，指的是上句“不知知”这个毛病。

【译文】

知道而好像不知道，最高。
不知道却自以为知道，是毛病。
正因为知道毛病是毛病，
所以反而不成为毛病。
圣人没有毛病，
就因为他知道毛病是毛病，
因此没有毛病。

第七十二章 “爱己第七十二”

民不畏威[①]，则大威[②]至。

无狎[③]其所居，无厌其所生[④]。

夫唯不厌[⑤]，

是以不厌[⑥]。

是以圣人

自知不自见，

自爱不自贵。

故去彼取此。

【注释】

①威：威权，威胁；惩罚。此句义犹74章“民不畏死”。 ②大威：（社会秩序）大溃乱。王弼注：“威不能复制民，民不能堪其威，则上下大溃矣，天诛将至，故曰民不畏威，则大威至。”至：到。高亨说：“至者碍止之义，言民不畏威，则君主威权碍止而不能通行也。”以“威权”释“威”，以“碍止”释“至”，亦通。 ③“狎”，河上公本、景龙碑本、敦煌庚辛等多种古本作“狭”。奚侗说：“狭即《说文》陕字，‘隘也’。隘有迫谊。” ④厌：压迫，压榨。 ⑤“厌”，吴澄本作“狎”。 ⑥朱谦之说：“上‘厌’字与下‘厌’字，今字形虽同，而音义尚异。上‘厌’，压也；下‘厌’，恶也。”

【译文】

（等到）老百姓不害怕威权，

大溃乱就降临了。

不要逼迫老百姓的居住空间，

不要压榨老百姓的生计。

只有不压迫（老百姓），

因此(老百姓)才不会厌恶他。

因此圣人

了解自己而不表现自己,

爱惜自己而不自以为高贵。

所以舍弃那个(自见自贵)采取这个(自知自爱)。

第七十三章 “任为第七十三”

勇于敢则杀[①]，
勇于不敢则活。
此两者或利或害[②]。
天之所恶，孰知其故？
是以圣人犹难之[③]。
天之道：
不争而善胜，
不言而善应，
不召而自来，
啴[④]然而善谋。
天网恢恢，
疏而不失[⑤]。

【注释】

①这句与下句“敢”字下，帛甲本有“者”字。王弼注：“必不得其死也。”则：将。“勇于敢”，意为凡事都敢勇于去做，近似今语凡事都逞强好胜。下句“勇于不敢”，意相反：凡事都不敢勇于去做。 ②句首，景龙碑本有“知”字，严遵本、景福碑本有“常知”二字，均通，意为要了解或经常了解“此两者”。缪尔纾说：“或之者，疑之也。利害难定，即其故难知也。”余臆就利害言，上二句“则杀”、“则活”，则利害已定，故“或利或害”的意义仍嫌不够明朗，疑下或有脱文。 ③严遵本、景龙碑本、景福碑本、龙兴观本、遂州本及帛本都没有这一句。奚侗、马叙伦、高亨等注家认为是63章的错简，当删。余臆这句在本章仍有意义可寻。王弼注：“圣人之明，犹难于勇敢。”盖勇敢的结果虽然会招来杀身之祸，但勇敢本身似乎无法全然否定，《老子》也没有一概抹杀“勇敢”本身的价值意义，67章有云

“慈，故能勇”即是内证，所以圣人才把“勇敢”视为难事。 ④啴：音 chǎn(阐)。缓，宽缓。啴然，舒缓的样子，犹坦然。朱谦之引方以智说：“‘啴然’与‘坦然’‘啴然’互通。”啴：音 tān(坍)，音 chán(禅)。宽。啴然：迂缓的样子。 ⑤恢恢：非常浩瀚广大之貌。《荀子·非十二子》：“恢然如天地之苞万物。”河上公注：“天所网罗，恢恢甚大，虽疏远，刁察人善恶，无有所失。”这两句后亦流传为成语。原意为天道的范围至广至大，虽然网孔稀疏，但无所不包。后人以为天立禁网或天道如法网，虽疏而不密，但决不漏察善恶，一切作恶的最终逃不出它的法眼与惩罚。亦比喻法律如天网，不会放过一个坏人。

【译文】

勇于勇敢行动的人会被杀死，

勇于不勇敢行动的人会获得生存。

这两种行为，或者是有利，或者是有害。

上天所厌恶的，谁知道这里面的缘故呢？

因此圣人尚且把“勇敢”看作难事。

上天的道理：

不去争斗而能很顺利地取得胜利，

不用说话而能很好地得到响应，

不发号召而能使万物很自然地来归顺，

宽宽舒舒、从从容容而能很妥善地谋划。

天道的罗网广大无边，

网眼虽然稀疏，但是什么也不会漏网。

第七十四章 “制惑第七十四”

民不畏死[①]，

奈何以死[②]惧之？

若使民常畏死，而为奇[③]者，

吾得执而杀之，

孰敢[④]？

［若使民常且必畏死，］[⑤]

［则］常有司杀者杀[⑥]。

夫代司杀者杀，

是谓代大匠斫。

夫代大匠斫者，

希有不伤其手矣！

【注释】

①河上公注："治国者刑罚酷深，民不聊生，故不畏死也。" ②"死"，帛本作"杀"。 ③于鬯注："而，如也。"王弼注："诡异乱群，谓之奇也。"吾甬语有"奇出怪样"，上海话有"花样百出"，(玩政治、白相老百姓，折腾人、折腾老百姓，)亦可助解。此二语所指，皆"为奇"之必有表现。河上公直以刑法、刑罚为解，注："奈何设刑法以死惧之？"观下注④。河上公注亦自有据，律之57章"法令滋彰，盗贼多有"的绝对反刑法主义观点即可知。 ④帛本作"夫孰敢矣"。河上公注："老子疾时王不［以］道德化之而先刑罚也。" ⑤通行本及诸本无此一句与下句首"则"字，据帛乙本补。"常"，帛乙本原作"恒"；"恒"即"常"，故改，以与通行本一致。"且"字为连词。 ⑥"则"字，通行本原无，据帛本补。缪尔纾说："'司杀者'，即天也，即天道也。"

【译文】

老百姓不怕死，

为什么还要用死亡来威胁他们？

如果为了使老百姓常常怕死，

而玩弄权谋诡诈、歪门邪道的人，

我就把他们抓来杀掉，

看谁还敢（玩弄权谋诡诈、歪门邪道）？

［如果老百姓确实常常而且一定怕死，］

那自有日常主管刑杀的（天网）来执行。

代替主管刑杀的（天网）来杀人，

这就叫作代替木匠斫木头。

代替木匠斫木头的人呵，

很少有不斫伤他自己手的呢。

第七十五章　“贪损第七十五”

民①之饥，
以其上食②税之多，
是以饥。
民之难治，
以其上之有为，
是以难治。
民之轻死③，
以其上求生④之厚，
是以轻死。
夫唯无以生为者，
是贤于贵生。

【注释】

①“民”，帛本作“人”。　②“食”，帛本作“取食”。　③“民”，景龙碑本作“人”。此句意为老百姓不堪压迫，走投无路，生不如死，而铤身走险，冒死犯难。这也就是看轻了自己的生死。　④“求生”，景龙碑本、龙兴观本作“生生”。易顺鼎说：“当作生生之厚。”两者意近而通，参见50章注④。

【译文】

老百姓挨饥受饿，
是因为他们的上司征收捐税太多，
因此才挨饥受饿。
老百姓难以治理，
是因为他们的上司强行作为，
因此就难以治理。

老百姓看轻了死亡，

是因为他们的上司追求生活太丰厚奢侈，

因此就看轻了死亡。

只有不把生命看重(轻死)的人，

是胜过太看重(厚养)生命的人。

第七十六章 “戒强第七十六”

人之生也柔弱，
  其死也坚强。
[万物][1]草木之生也柔脆，
  其死也枯槁。
故曰：
“坚强者，死之徒[2]；
柔弱者，生之徒。”
是以
兵强则灭，
木强则折[3]。
故[4]
强大处下，
柔弱处上。

【注释】

①严遵本、彭耜本、傅奕本等无“万物”二字。蒋锡昌说：“万物二字当为衍文。”说是。 ②“曰”，通行本原无，据帛本补。徒：途。即50章“生之徒”之“徒”。 ③这两句，通行本原作“是以兵强则不胜，木强则兵”，据俞樾、易顺鼎、高亨说改。 ④“故”，通行本原无，据帛乙本补。

【译文】

人活着的时候躯体是柔和软弱的，
  死了以后躯体就变僵硬了。
青草树木活着的时候是柔和脆弱的，
  死了以后就变干枯了。

所以说：
“坚强是死亡的道路，
　柔弱是生存的道路。”
因此
兵力强大了反而会走向灭亡，
树木强大了就会折断。
所以
强大的反而处于（不利的）下风，
柔弱的反而处于（有利的）上风。

第七十七章 “天道第七十七”

天之道[①]，其犹张弓与[②]？
高者[③]抑之，
下者举之；
有余者[④]损之，
不足者补[⑤]之。
天之道：
损有余而补[⑥]不足。
人之道则不然，
损不足以奉有余。
孰能有余以奉天下[⑦]？
唯有道者[⑧]。
是以圣人为而不恃，
功成而不处，
其不欲见贤[⑨]。

【注释】

①道：道路，道理，法则，准则。 ②“与”，河上本作“乎”，帛本作“也”。 ③“高者”与下句“下者”，都指弦位。 ④“有余者”与下句“不足者”，指弓张开后的圆满程度。 ⑤“补”，河上本作“益”，景龙碑本作“与”，亦通。 ⑥“补”，傅奕本作“益”。 ⑦此句傅奕本为“孰能损有余以奉不足于天下？” ⑧傅奕本、景龙碑本句首有“其”，傅奕本句末有“乎”字。 ⑨“其”，景龙碑本作“斯”。帛本句首有“若此”二字，句末有“也”字。

【译文】

上天的道理，就好像拉弓一样啊！

举高了就压低它，
举低了就抬高它；
拉得太满了就削减它，
拉得不够满就补足它。
上天的道理(就是这样)：
削减有富裕的来补助不足的。
人世间的道理却不是这样，
削减不足的来供养有富裕的。
有谁能用有余来供养普天下的人呢？
只有深得天道的圣人。
因此圣人辅助万物而不自恃有德，
事业成功而不自居有功，
他不想表现自己的才能。

第七十八章 “任情第七十八”

天下莫柔弱于水[①]，
而攻坚强者莫之能胜[②]，
以其无以易之[③]。
弱之胜强，
柔之胜刚，
天下莫不知[④]，莫能行。
是以圣人云：
“受国之垢，是谓社稷主；
　受国[之][⑤]不祥，是谓[⑥]天下王。”
正言若反[⑦]。

【注释】

①河上公本作“天下柔弱莫过于水”。　②“胜”，傅奕本作“先”，亦通。河上公注：“水能怀山襄陵，磨铁消铜，莫能胜水而成功也。”　③王弼注：“以，用也。其，谓水也。言用水之柔弱，无物可以易之也。”　④“知”字下，傅奕本有连接词“而”。　⑤通行本原无“之”字，据河上公本、傅奕本、吴澄本及帛本补。受：承受，容纳，担当。　⑥“谓”，通行本原作“为”，据河上公本、傅奕本、吴澄本及帛本改。　⑦高延第《老子证义》：“此语并发明上下篇玄言之旨。”吴澄说：“旧本以此为上章末句。今案上章‘圣人云’四句作结，语意已完，不应又缀一句于末。他章并无此格……此一句当为起语也。”而置于下章“和大怨”前。朱谦之说：“吴说是也。”缪尔纾认为似宜属前章（按：即此章）。高亨说：“李荣本（按：《道德真经注》）无此句。此句乃后人注‘受国’二句之辞，当删去。”录以备考。若，“年相若”（韩愈《师说》）之若，相同，一样之义。

【译文】

天下没有东西比水更柔弱的了，
然而攻克坚强东西的能力没有谁能超过它，
因为这水的柔弱性没有东西能够替代它。
弱小能够战胜强大，
柔软能够克服刚硬，
（这个道理）天下没有人不晓得，
　却没有人能够实行。
因此圣人说：
“承当了国家的污垢屈辱的，
　这叫作国家的宗主；
承当了国家的灾殃不祥的，
　这叫作天下的君王。”
正话同反说一样。

第七十九章　“任契第七十九”

[报怨以德][①]。
和大怨，
必有余怨，
安可以为善？
是以圣人执左契[②]，
而不[以][③]责[④]于人。
[故][⑤]
有德司契，
无德司徹[⑥]。
天道无亲[⑦]，
常与[⑧]善人。

【注释】

①此句由63章移入。按陈柱(《老子》)说，当在“和大怨，必有余怨”句上；按马叙伦、严灵峰、陈鼓应说，当在“安可以为善”上，作“和大怨，必有余怨，[报怨以德]，安可以为善？”余臆，“和大怨”与“报怨以德”两者，其实概念不同，亦即对“怨”的态度不同，前者采用调和方式；后者用德来报答，是消解方式。唯此所谓“德”，不是儒家创生意义的道德，而是38章“上德不德”、“上德无为而无以为”之德，亦即“不生之德”。其意谓，消解怨恨的根本途径是去掉“上之有为”(75章)，不激生民怨。这正是本章的主旨，与下面所述的观点一致：如何实施“报怨以德”呢？“圣人执左券，而不[以]责于人”也，亦即实行“无为”、“好静”、“无事”、“无欲”(57章)和“不言之教”(43章)。这亦是“报怨以德”的第二层的正面说明。至于“和大怨，必有余怨”云云，乃意谓调和方式则不可能真正化解怨恨。这是对“报怨以德”的第一层的反面论证。陈鼓应氏解释何以“报怨以德”当在“安可以

为善”句上的理由,说:“老子认为以德来和解怨(报怨),仍非妥善办法,最好是根本不和人民结怨。”后二句没错,但第一句对老子的“德”的义涵未加厘清。如此就将“德”与“和”两个概念,将“报怨以德”与论证“报怨以德”的第一层次,混淆未分。不仅此也。而且“安可以为善”成了对“报怨以德”的“德”的否定,与其后面所说:“如何才能不和人民结怨呢?莫若行‘清静无为’之政——即后文所说的‘执左券而不责于人’”自相牴牾。故取陈柱说,置于章首。 ②契:契约。古人刻木为券,一分为二,债权人执左券,债务人执右券,以为日后索债还债的凭证。河上公注:“古者圣人执左契,合符信也。无文书法律,刻契合符以为信也。” ③“以”,通行本原无,据帛本补。 ④责:索取。杨柳桥说:“责古通债。”亦通,但债作动词用。 ⑤“故”,通行本原无,据帛本补。 ⑥彻:税。周代的税法。高亨说:“‘彻’疑为‘杀’。”义与“左卷”不能契合,与“司契”不能相应。于鬯说:“彻当训取。《孟子·公孙丑篇》‘彻彼桑土’。赵(岐)章句云:‘彻,取也。’”朱谦之说:“‘彻’当训为剥。《毛传》:‘彻’,剥也。”通;剥,亦取也。 ⑦无亲:无私人亲情,无私爱,无偏袒。 ⑧与:帮助。《吕氏春秋·乐成》:“与,助也。”

【译文】

[用德行来报答怨恨]。

调和巨大的怨恨,

一定会有剩留的怨恨,

这哪里可以算是做好事?

因此圣人虽然手里握着借款的凭证,

然而却并不拿着凭证向债务人讨债。

所以

有德的只是主管契约(而不向人索取),

无德的人主管赋税(只是向人剥取)。

天道没有私情,

永远帮助好人。

第八十章 “独立第八十”

小国寡民，
使有什伯之器而不用①，
使民重死②而不远徙。
虽有舟舆，无所乘之；
虽有甲兵，无所陈之。
使人复结绳而用之③：
甘其食，
美其服，
安其居，
乐其俗。
邻国相望，鸡犬之声相闻，
民至老死不相往来。

【注释】

①河上本作“使民有什伯，人之器而不用”。王弼注：“言使民虽有什伯之器而无所用，何患不足也。”什伯之器，注家要者有二说：一、兵器（俞樾等）；二、众多的家用器具（奚侗等）。朱谦之认为二说皆可通。余臆，一说可通但欠全。二说似勉强，有违常识。因为即使是最低度的日常生活，也不可能“无所用之”。自有人类即伴随着器具，“小国寡民”也不等于茹毛饮血。扣着本章的内容看，当指下文所说的舟舆和甲兵。同时从量上说，即少量的用之。　②重死：看重死亡，不“轻死”（75 章），意即不铤而走险、冒死犯难。　③高亨说：“谓废书契也。”

【译文】

国家小、境内人民少，
使得虽有许多器物但搁置不用，

使得老百姓重视生死而不亡命远行。
虽然有船有车，
　但没地方可去而不乘坐它；
虽然有盔甲兵器，
　但没地方打仗而不需要用它来摆阵势。
使得老百姓返回到使用结绳记事的社会：
饭吃得自感香甜，
衣服穿得自感美丽，
居住得自感舒适，
风俗自感快乐。
国家接壤相互望得见，
　鸡鸣狗叫的声音相互听得到，
老百姓(却)到老到死(一辈子)互相不来往。

第八十一章 “显质第八十一”

信言不美①，
美言不信②。
善者不辩，
辩者不善③。
知者不博，
博者不知。
圣人不积：
既以为人己愈有④，
既以愈人己愈多。
天之道：利而不害。
圣人之道：为而不争。

【注释】

①河上公注：“信言者，如其实也。不美者，朴且质也。” ②河上公注：“美言者，滋美之华词。不信者，饰伪多空虚也。”成玄英疏：“信，实也。美，浮艳也。” ③焦竑说：“古本作‘善言不辩，辩言不善’。”亦通，意与45章“大辩若讷”同。 ④“既”，义同35章“用之不可既”之“既”。《广雅·释诂》：“既，尽也。”《战国策·魏策》引此句即作“尽”。

【译文】

真实的话不漂亮，
漂亮的话不真实。
好人不巧辩，
巧辩的人不好。
认识道的人（知识）不渊博，

知识渊博的不认识道。

圣人不积蓄:

尽自己所有帮助人,

　　自己就愈富有;

尽自己所有赠送人,

　　自己就愈增多。

上天的道理:有利万物而不伤害万物。

圣人的道理:施助万物而不与万物相争。